Você merece um
AMOR BOM

Bruna Stamato

Você merece um AMOR BOM

SEOMAN

Copyright © 2018, Bruna Stamato
Copyright do projeto © 2018, Editora Pensamento-Cultrix Ltda.
Publicado mediante acordo com a Agência Aspas e Vírgulas.
Texto de acordo com as novas regras ortográficas da língua portuguesa.
1ª edição 2018.

Todos os direitos reservados. Nenhuma parte deste livro pode ser reproduzida ou usada de qualquer forma ou por qualquer meio, eletrônico ou mecânico, inclusive fotocópias, gravações ou sistema de armazenamento em banco de dados, sem permissão por escrito, exceto nos casos de trechos curtos citados em resenhas críticas ou artigos de revistas.

A Editora Seoman não se responsabiliza por eventuais mudanças ocorridas nos endereços convencionais ou eletrônicos citados neste livro.

Coordenação editorial: Manoel Lauand
Ilustração da capa: Freepik
Capa e projeto gráfico: Gabriela Guenther
Editoração eletrônica: Estúdio Sambaqui
Foto da orelha: arquivo pessoal da autora

DADOS INTERNACIONAIS DE CATALOGAÇÃO NA PUBLICAÇÃO (CIP)
(CÂMARA BRASILEIRA DO LIVRO, SP, BRASIL)

Stamato, Bruna
 Você merece um amor bom / Bruna Stamato. -- 1. ed. -- São Paulo : Seoman, 2018.

 ISBN 978-85-5503-082-6

 1. Amor 2. Amor - Aspectos psicológicos 3. Autoajuda (Psicologia) 4. Autoconhecimento 5. Autoconsciência 6. Relações internacionais I. Título.

18-21387 CDD-158.2

Índices para catálogo sistemático:
1. Amor : Relações interpessoais : Psicologia aplicada 158.2
Iolanda Rodrigues Biode - Bibliotecária - CRB-8/10014

Seoman é um selo editorial da Pensamento-Cultrix.

EDITORA PENSAMENTO-CULTRIX LTDA.
R. Dr. Mário Vicente, 368 – 04270-000 – São Paulo, SP
Fone: (11) 2066-9000 – Fax: (11) 2066-9008
E-mail: atendimento@editoraseoman.com.br
http://www.editoraseoman.com.br
Foi feito o depósito legal.

*O amor não é uma questão de sorte nem um jogo de azar;
não é bingo nem bilhar. Não é mera obra do acaso.
Ama, quem muito quer amar.
O amor não é para profissional.
É apenas para amador. Aliás, se te causa dor, não há de ser amor.
O amor não é uma monarquia ou uma rígida ditadura.
Amor, meus caros, é meritocracia pura.*

Índice

Prefácio 9

A tal da sorte 13

Retrospectiva 21

Identificando suas crenças limitantes 39

Reconhecendo-se 65

O amor não mudou; foram as pessoas que mudaram 79

Amor não rima com dor: posse, ego, dependência e ciúme excessivo – isso não é amor 91

Fazendo as pazes consigo 109

Reconecte-se à sua essência 131

♥∿∿ Eu tenho disponibilidade para o amor 145

♥∿∿∿∿ Amores reais: não projete suas expectativas em cima de outra pessoa 161

♥∿∿ Você merece um amor bom 181

♥∿∿ Agradecimentos 211

Prefácio

Sempre quis começar um livro com "Era uma vez".
Então, permitam-me.

♥♥♥

Era uma vez uma mosquinha recém-nascida que acabara de cair em um pote de fel. Viveu ali sua vida toda, até que certo dia uma moça parou para observá-la e ficou muito angustiada por vê-la naquela situação. Imediatamente pegou uma colher e tirou a mosquinha do pote de fel, que, por sua vez, reagiu com estranheza.

– O que você está fazendo?! – indagou a mosca.

– Estou te salvando! – exclamou a moça. – Estou tirando-lhe de uma vida horrível e amarga e te dando a oportunidade de viver, daqui por diante, em um pote de mel!

Mas ela ficou espantada com a cara feia que a mosca fez ao provar o mel. – Eca! – disse a mosca. – Me coloque de volta no meu velho pote, por favor.

– O quê? Você não pode estar bem da cabeça... Mel é muito melhor que fel!

– Quem decretou isso como verdade absoluta? – insistiu a mosca. A moça ficou sem resposta...

♥♥♥

Eu sou a Bruna, autora deste livro, e durante um bom tempo fui a mosquinha no pote de fel. A moral dessa fábula é que, certas vezes, nos acostumamos ao pote de fel e até nos afeiçoamos a ele. Por mais que nos alertem e tentem nos salvar, só nós mesmos podemos trocar de pote.

Trocar de pote é uma DECISÃO.

Porque, às vezes, mesmo quando temos a chance de mudar uma situação que nem de longe é a ideal, acabamos negando essa troca. Talvez por medo ou comodismo ou descrença. O fato é que chega uma hora em que, de tanto provar o amargor da vida, passamos a achar o mel muito doce e enjoativo.

O amor também se apresenta em duas versões: a original, orgânica e livre de substâncias tóxicas, que vem em lindos potes do mais puro mel; e o amor genérico, aquele que foi misturado a tantos conservantes e aromatizantes artificiais, que acabou com gosto de fel.

Crenças erradas ao longo da vida nos levam a acreditar que o mel é para poucos. Que é uma iguaria rara e que apenas alguns indivíduos, talvez pré-selecionados na encarnação passada, vieram destinados com a *SORTE* de poder desfrutar desse mel.

Quando você é pequeno, o que a sua mãe diz?

"Filho, não entre na floresta!" Mas quando você finalmente cresce e entra na floresta, se dá conta de que o mel é abundante e que está ao alcance de todos!

Nossas mães falam isso para nos proteger, no entanto, chega um momento em que precisamos sair de casa, da casca, para podermos explorar e desbravar nossas florestas.

Foi o que fiz, anos atrás, quando, tremendo de medo no pequenino apartamento em que morava com meu ex-marido e minhas duas filhas pequenas, decidi que era hora de abandonar o pote de fel. Saí para me aventurar em minha floresta interior, sem saber se encontraria ou não o meu pote de mel. Mas, mesmo que não o encontrasse, decidi que a jornada em busca dele seria maravilhosa e muito melhor do que ouvir os conselhos que me diziam para ficar quietinha e segurar firme meu pote de fel!

A ideia de passar a vida inteira sendo infeliz num relacionamento, com a dúvida constante do "E se" me atormentando, sempre me pareceu absurda.

Então o amor era isso, tal qual uma empresa que não dá lucro, mas que insistimos em mantê-la aberta por ser muito custoso e burocrático encerrá-la? Seria algo que vamos empurrando com a barriga, até o ponto em que nos esqueçamos, de fato, o que é o amor?

"Para quê?", me perguntei, todas as vezes em que senti que o amor me deixava... Para que eu iria continuar presa ali? Em uma relação com uma falsa sensação de segurança, mas que não tinha nem um pingo da emoção e da alegria que só o amor promove.

Por isso não continuei.

Sim, posso ter confundido o sentimento de amor várias vezes nesta vida. Outras vezes, posso ter chamado minha carência de amor. Ou até mesmo ter acreditado que aquela sensação era amor, quando, na verdade, eu apenas queria companhia por ter medo de ficar sozinha. Acabei indo ao fundo do meu poço por causa de uma paixão assim, de romance policial. Mas consegui emergir, e hoje, na superfície, faço questão de compartilhar com você, querido leitor, todo o mel que encontrei na minha jornada.

Saboreie cada página e recorde-se sempre, daqui para frente, de como o amor é doce e suculento!

E então, se a vida te oferecer novamente um pote de fel, diga: "Não, obrigado. Eu não aceito mais um amor amargo."

A tal da sorte

Desde a adolescência, lá com meus 15 ou 16 anos, escuto minhas amigas me dizerem que eu tenho "sorte" no amor. Essa afirmação sempre me inquietou bastante, afinal, o que seria ter "sorte", e o que seria ter "azar", no amor?

Amor é um jogo de cartas? Ou seria um bingo? Será mesmo que o amor é mera obra do acaso e que seja preciso viver a vida jogando dados e rezando para simplesmente... acertar? Ou, mais louco ainda, será que precisamos passar a existência toda nos apresentando impecáveis e elegantes na vitrine da vida para então termos (mais uma vez) a "SORTE" de sermos escolhidos por alguém?

A "sorte" seria engatar um relacionamento atrás do outro? Ter muitos parceiros? Ou só tem sorte no amor aquele que vive 60 anos com a mesma pessoa e só se separa no leito de morte? E o azar? Suponho que seria ficar sozinho... Ou encontrar parceiros (as) infiéis e incompatíveis. E no caso das mulheres, assim sendo, *pobrezinhas* de nós! Para o sexo feminino a tal da "sorte" parece mesmo algo muito difícil, uma "loteria amorosa", uma vez que a sociedade, de forma geral, adora enquadrar os gêneros e rotular os homens como infiéis, traidores e mentirosos – e, para tais estereótipos incoerentes serem aceitáveis, colocam a culpa na "natureza". Homens têm "INSTINTO" (mulheres têm, no máximo, instinto materno). Homens traem por instinto, porque é a *natureza* deles. Mentem por "instinto", são pais ausentes por "instinto", porque *não sabem* cuidar. E nós, mulheres, ou nos conformamos e aceitamos tudo isso ou não teremos "sorte no amor".

Mas, para mim, tratar a traição, a falta de índole e a imaturidade como tipos hereditários inerentes a todo ser do gênero masculino, é absurdo. Essa ideia de generalização e de que mau-caratismo é uma característica do sexo masculino, sempre me soou surreal. Conheço muitas mulheres que traem e muitos homens que são fiéis. Bem como o contrário. Não é uma questão de ancestralidade ou hereditariedade. É ESCOLHA, e pronto! Portanto, toda vez que me deparei com um parceiro mentiroso e infiel, dei a devida culpa a ele, e não a mim. Espere, aí! Não fui EU que errei para isso acontecer, VOCÊ que é um canalha! E, desta forma, nunca encarei como um golpe do azar ou me coloquei em posição de vítima. Sempre preferi encarar como um tropeço no caminho, algo natural. Porque pessoas maus-caracteres estão por todo lado: pode ser um chefe sacana, uma colega traíra, um primo desonesto... Relacionamento não seria a mesma coisa? Uma consequência da vida?

Por isso, que tal, você que agora está me lendo, usar essa perspectiva para derrubar possíveis pensamentos limitantes que tenha enraizado aí dentro de você, de que "só escolhe errado o tempo todo", que você tem o famoso *dedinho podre*? Encontrar gente mal-intencionada, infelizmente, é normal nesta vida; mas ficar – ou não – ao lado delas, é uma escolha. Acredito que a vida é uma parceria que funciona em um esquema meio a meio. O acaso corresponde à metade do que ela, a VIDA, nos oferece; os outros 50% somos nós que decidimos. Uma balança de dois pratos, onde as porcentagens do destino e do livre arbítrio são equivalentes. Culpar a VIDA pelos fracassos dos seus relacionamentos seria um tanto injusto, na minha humilde opinião. Acredito plenamente que vivemos de acordo com nossos princípios e com o que acreditamos. Portanto, hoje, tenho a nítida visão de que nós atraímos o tipo de relacionamento que acreditamos merecer. Se toda vez no qual teve uma decepção amorosa você falou baixinho para si mesma "eu só arranjo esse tipo de pessoa" ou "homens são todos sacanas" e até a irônica frase "eu mereço", você esteve, inconscientemente, atraindo esse tipo de relacionamento tóxico, como um efeito cascata.

Mas é possível interromper esse ciclo quando tomamos a consciência de que NÃO somos um fantoche do destino à mercê da sorte!

Bem, para quem não me conhece, sou a Bruna Stamato, escritora, nascida no dia 7 de junho de 1985 no Rio de Janeiro, criada na Bahia e paulistana de coração. Mãe de duas garotinhas lindas, sonhadora incorrigível e uma eterna apaixonada pelo amor! *Você merece um amor bom* é o meu segundo livro (*Nunca quis um marido, sempre quis um companheiro* é o meu primeiro); na verdade, sou só a digitadora do texto, pois este livro é de autoria do meu coração. E a vontade de escrevê-lo surgiu devido às muitas mensagens que recebo de meus leitores, sobre o texto homônimo que escrevi tempos atrás para o *site* "O Segredo", onde tivemos quase 200 mil compartilhamentos até o presente momento. Quis escrever para dizer de uma forma bem clara, a mais clara que consigo, que o amor EXISTE! Que o amor não é um artigo de luxo ou uma iguaria rara. O amor é a força que rege este planeta, é a mola propulsora de todo o Universo, e, para mim, é o grande sentido da nossa jornada neste plano. Já bem dizia o Apóstolo Paulo (posteriormente, São Paulo) no Novo Testamento, texto que Renato Russo musicou tão magistralmente: "Ainda que eu falasse a língua dos homens e falasse a língua dos anjos, sem amor, eu nada seria". Estou com ele e não abro! Sem amor, nada somos, embora aqui, neste livro, eu contrarie um pouco Vinicius de Moraes, quando ele diz que "Fundamental é mesmo o amor, é impossível ser feliz sozinho". Eu diria que "Fundamental, mesmo, é o amor PRÓPRIO, e que é impossível ser feliz VAZIO". E é justamente sobre esse vazio, incapaz de ser preenchido por outro alguém além de você mesmo, que nós vamos falar aqui no livro. Não pense você que sou uma *expert* em romance dando dicas de conquistas! Pelo contrário! Fui especialista em arrumar COMPANHIAS para a minha vida durante um bom tempo, mas também fui leiga em AMOR durante esse tempo. Parece contraditório? Mas vou te falar o *meu* "porquê".

Na verdade, o amor só entra onde é convidado. Onde é convidado, benquisto e aceito. Onde encontra verdadeira disposição em recebê-lo. Não adianta termos um parceiro, mas não nos entregarmos por completo, com receio de sofrer. Ninguém ama pela metade ou só quando quer. E o amor não arromba corações fechados, não invade terrenos abandonados... Não toma posse indevidamente. O amor não abre cadeados. Nem sequestra mentes medrosas na calada da noite. Durante uma época da minha vida, eu apelidei muitas coisas de "amor", mas, felizmente, uma hora a vida me ensinou que o *verdadeiro* AMOR é bem diferente. Hoje, já não o confundo mais.

Atualmente, posso afirmar que na maioria das vezes que nos vemos solitários e queixosos porque o amor foi embora, nós é que temos de checar a hospitalidade dos nossos corações. Acredito que se deixar amar é um dom para poucos – um dom mais raro do que amar, propriamente dito. Conheço gente que impõe tantas e tantas condições para que um relacionamento aconteça, que, antes de tudo, já está botando empecilhos e gerando expectativa negativa ao não se permitir sequer SENTIR o que tiver de sentir. É preciso, primeiro, se permitir viver. Somente isso... Deixar-se levar, seguir a maré. E nessa tentativa de se proteger e se resguardar de possíveis decepções futuras, levantam muralhas altíssimas. Eu diria, inclusive, intransponíveis. Porque o amor até bate nos portões, levanta bandeira branca, mas COMO o amor vai chegar a essas pessoas? Então, saem por aí dizendo que a VIDA não lhes foi justa e AMIGA... Mas foi ela, a VIDA, que passou o endereço para o amor! No entanto, tem gente que reluta tanto – eu mesma conheço várias pessoas assim –, que parece que vivem em guerra com o amor. Como pode?! Como esperam receber algo que não têm para oferecer de volta? Vestem armaduras resistentes e estão sempre com armas nas mãos. Mas isso é impossível, pois o amor é da paz! Quem vive em guerra, luta consigo mesmo. Luta – e perde – sozinho. Se joga na lona e derruba a si próprio, depois sai por aí dizendo que "NÃO TEM SORTE NO AMOR".

Mas desde quando o amor deixou de ser genuíno, intrínseco, um ato de boa fé e disposição, para se tornar apenas questão de "sorte"? O amor também é uma questão de *escolha* – e sinto muito chocá-los com esta afirmação.

SE NÃO BAIXAR SUA GUARDA, O AMOR NÃO VAI CHEGAR ATÉ VOCÊ!

Eu sempre fui uma pessoa muito idealista, sempre romantizei muito a vida e fiz de alguns breves casos, verdadeiros romances dignos de um roteiro de cinema. Mas eu não sei até que ponto isso foi bom ou ruim. Acredito que hoje eu tenha meu equilíbrio, nem Camões nem Bukowski. Nem *heavy metal* nem bossa nova. Mas o ponto principal é que mesmo sendo idealista e uma romântica nata, eu nunca condicionei o amor. Tenho amigas que nem saíram com o pretendente ainda e já estão dando *match* ao reverso. Já se colocam mil e um defeitos, arrumam 100 incompatibilidades em 5 minutos de conversa e prontamente decretam para si mesmas que o encontro não dará certo. Não raro escuto "Nem sei porque ainda tento... não vai dar em nada mesmo" – e isso me irrita profundamente! Se você compartilha deste pensamento, feche este livro. Pois nem eu – nem DEUS – poderemos te ajudar.

Tenho uma conhecida, uma mulher muito bonita, financeiramente independente, advogada bem-sucedida, que estudou comigo vários anos e nunca teve um relacionamento. Nem na época de adolescência ou na fase adulta. Certa vez, ela me perguntou o porquê, e, no próprio relato dela, eu a ouvi dizer várias vezes: "Ah, eu não tenho sorte no amor... só encontro homens em posição social inferior à minha. Só encontro caras divorciados e com filhos e eu não lido bem com criança... e blábláblá... EU NÃO TENHO SORTE, NÃO ADIANTA! Só arrumo cara doido, com algum vício... saí com um assim na semana passada, bem bonitinho, mas não dá pra mim, é advogado em início de carreira, nem carro tem... blábláblá..." Ou seja, todos esses quesitos que ela pontuou são importantes para ela, eles agrupam tudo que ela NÃO quer em um relacionamento. Eu acredito que devemos sempre nos aproximar de nossos semelhantes e podemos, sim, idealizar algumas características que desejamos que nosso companheiro ou companheira tenham, mas o amor em sua forma mais pura e peneirada é incondicional.

Está até na bíblia: Jesus mandou "amai-vos uns aos outros"; porém, ele não especificou "amai-vos, SOMENTE, se a pessoa tiver um carro, se for branco e se for heterossexual". O ódio é invenção humana. Como esta minha colega – vou chama-la de "A" –, pode afirmar, com tanta propriedade, que "não tem sorte", se ela limita e condiciona um sentimento incondicional? Se ela não aceita o amor do jeito que ele vier? Dificilmente, nossa alma gêmea, nosso parceiro de vida, será um estereótipo hollywoodiano, do tipo que chega a bordo de um iate de

3 andares, é dono de poços de petróleo em Dubai, tem lindos olhos verdes e 1,85 m. É melhor, sempre, trabalhar com os pés no chão. Seu parceiro pode não ser o modelo que você idealizou, mas, juntos, vocês podem construir um relacionamento excelente, desde que se tenha o mesmo propósito de vida. Por isso eu te peço: pare de cercear a Vida, o AMOR e os sentimentos. Talvez o amor da sua vida seja uma pessoa complicada... talvez ela traga traumas de infância, talvez precise do teu colo, até mais que um filho pequeno. Quem sabe esteja iniciando a carreira ou talvez nem saiba direito o que quer ser e fazer da vida. Mas isso não é empecilho para se construir uma grande história e um grande amor. Não importa o carro que a pessoa tenha, pois você vai sair para jantar com ela, não com o carro, certo? Você também não precisa ser mãe dos filhos de um antigo relacionamento. Também não é preciso esperar seu parceiro terminar a faculdade e virar CEO de alguma empresa para poder viver uma história de amor. Mas, para isso, você precisar estar com o coração aberto e limpo para generosamente receber e, acima de tudo, PERCEBER o amor quando ele passar na sua frente. Sei que nem sempre é possível escolher por quem nos apaixonamos, mas sempre é possível permitir-se ser, ou não ser, amado. Paixão é um mal súbito, mas, amor... amor é algo muito bem bolado!

Não quero dizer para ficarmos com quem não gostamos só porque essa pessoa tem amor por nós; o que quero dizer é que nem sempre o amor é algo avassalador e visceral como nos filmes, que chega fazendo um estardalhaço. Muitas vezes ele não nasce nas vísceras, mas brota direto no coração, como uma minúscula semente, DESDE QUE se tenha solo fértil. Desde que se prepare para o plantio. Desde que se tenha boa vontade em recebê-lo e regá-lo, e paciência para depois colher, na época certa, esse maravilhoso fruto. O amor é doce. Se está demasiadamente amargo é porque foi colhido antes do tempo ou não foi semeado direito. Não há de ser AMOR de verdade, orgânico e legítimo, pois amor genérico não cresce.

Eu acredito que existem vários subtipos de amor, e os melhores, na minha opinião, são os que surgem sem avisar, sem fazer muito alarde. São os que não se vão com qualquer tempestade. São os que levam tempo para apurar o sabor. Sim, o amor tem sabor. E cheiro. E um cheiro único neste mundo! É viciante. Pior que chocolate. Quem começa, geralmente não quer mais parar. Acho que a vida sem amor (e chocolate!) deve ser muito sem graça. Não façamos dieta! Consumamos sem culpa!

Não adianta ficar só na VONTADE e se inebriar com o cheiro, é necessário provar! O amor requer um certo esforço, como uma tatuagem que a gente quer muito fazer, mas não vê a hora de acabar: Todo mundo fala que dói e ficamos com medo, mas, quando a gente quer muito, percebe que não dói tanto assim. A gente vê que vale o "sacrifício", porque a felicidade final compensa. Só que o amor não tem, necessariamente, um fim. Então, aprenda a curtir o momento! Corra o risco! E assim como uma tatuagem, o amor também é para sempre. É como se fosse uma marca na alma. Mesmo que você queira apagar um dia, vai saber, para sempre, que ele esteve lá. Um coração tatuado pelo amor nunca mais volta a ser o mesmo. Mas, por favor, nunca esqueça que amor não rima com dor!

Então, vamos em frente. Nos próximos capítulos vamos faxinar a alma, botar o velho rancor para tomar um sol no varal. Tirar o mofo! Alegre-se em receber um hóspede muito especial em breve. Abra a porta e todas as janelas, deixe a luz entrar. Seja receptivo. O amor nem sempre vem como esperamos. Ele pode se disfarçar. Tem muitas facetas. Às vezes não damos nada por ele... mas é preciso saber reconhecê-lo. Não o mande embora logo de cara! Ele pode te surpreender. Permita-se!

AMAR também é passível de ensinamento, pois requer treino e prática. Não há outra forma de aprender, a não ser: A-M-A-N-D-O. Assim como qualquer teoria, é muito melhor na prática. E não adianta deixar a porta aberta e se esconder atrás das cortinas, viu? O amor não gosta muito de esconde-esconde, talvez seja melhor um pega-pega... Prometa para si mesma que vai tentar absorver tudo que conversaremos nas próximas páginas e tentará incorporar à sua vida. Porque o "não" e a solidão (mesmo que seja solidão a dois) você já tem... Agora vamos tentar um lindo SIM, do amor?

Deixe suas experiências ruins no passado; elas apenas existiram para te ensinar algo e a tornarem mais experiente. Não é porque você já sofreu algumas vezes que vai ser para sempre assim, a não ser que assim você deseje e determine ao Universo. Caso contrário, é hora de parar de atrair sofrimento para si. O amor tem de ser leve! Livre. Minimalista. Amor é para nos fazer feliz. Não há muito "porém" nem muito "por quê" nem muito "e se". O amor é simples em sua essência e, na maioria das vezes, isso é justamente o mais difícil de a gente entender. Não há fórmula mágica. O que irei te oferecer é apenas uma nova perspectiva para enxergar as coisas, porém, quem vai decidir se é boa ou não é você. Aliás, na magia, a lei mais importante é essa: Não se pode modificar e mexer no amor, em nenhuma tradição. É considerado um crime grave. Amor não se impõe.

E também não é necessário sinalizar a estrada com mil luzes e plaquinhas para o amor te encontrar. Ele sabe o caminho. Não importa se é simples ou pequena a tua morada, só mantenha a porta aberta.

Retrospectiva

Eu proponho que façamos agora uma retrospectiva de vida, desde a infância, passando por todos os namorados e *crushes* platônicos da adolescência, depois pelos *flashbacks* e recaídas com ex-namorados, até aqueles sórdidos casos de uma noite só que dão aquela ressaca moral na manhã seguinte – mas fique tranquila, você não vai precisar me contar sobre esses! Mas eu farei aqui também a minha retrospectiva, pois acho superimportante analisarmos nosso comportamento ao longo da vida, nossos parceiros, a ponto de identificarmos onde estão nossas crenças limitantes, onde pecamos e onde acertamos.

Como eu adiantei páginas atrás, sempre fui uma pessoa taxada como "sortuda" no amor. E sempre achei essa expressão intrigante e engraçada ao mesmo tempo. Por que será que as minhas amigas, muitas vezes tão mais bonitas e atraentes do que eu, não tinham então a mesma "sorte"? O que eu fazia para ter esse rótulo de sortuda? Passei anos e anos sem resposta e durante muito tempo nem sequer pensei mais nisso. Se tornou uma convicção minha, pois, de tanto que ouvi, acabei incorporando. Quando um relacionamento não dava certo eu prontamente pensava: "Ah, tudo bem... esse ainda não é 'O' cara, mas logo irei conhecer outro, afinal, tenho SORTE no amor!" E assim acontecia. Engatava um relacionamento atrás do outro. Para alguns, isso realmente pode parecer muito bom, e eu pensava dessa forma também, pois nunca sequer havia me dado TEMPO para ponderar e ver o outro lado. Nunca me permitia ficar sozinha comigo mesma, e só fui sentir os malefícios disso muito tempo depois, quando saí do meu casamento de 10 anos. Nessa hora, decidi que era o momento ideal de fazer um balanço da minha vida. Eu estava absolutamente exausta e sem forças, e senti a real necessidade de ficar a sós comigo, de me reconectar a meu "eu"; mas não foi fácil, não estava habituada à minha própria companhia. Quem era a Bruna, após longos anos de casamento, agora com duas filhas pequenas, cheia de inseguranças? Quem era a Bruna, de 29 anos, que não se aguentava mais, cheia de manias velhas e de conceitos igualmente velhos? Eu precisava dar conta de mim primeiro, para depois poder dar conta de qualquer outra pessoa.

Foi a primeira vez na vida que eu realmente QUIS estar sozinha. Enfrentei vários medos e bichos-papões, me convenci de que o amor não era mais para mim, mas o reencontrei numa linda noite de quinta-feira, ao som de Renato Russo. (Chegaremos lá!)

Voltando à minha infância, só tenho a agradecer, pois fui criada em uma família muito amorosa, dessas que pegam, abraçam, beijam. Cresci sabendo que eu era um ser humano muito amado e isso me fez crer que o amor era algo abundante neste planeta. E essa forma de criação, com certeza surte efeito nos seres humanos.

Minha mãe, uma mulher muito bonita e que chamava muita atenção, sempre foi para mim a personificação da autoestima, totalmente empoderada dela mesma. (Ela vai rir disso!) Quando meus pais se separaram, eu, com meus 14 anos recém-completados, percebi que era o fim de uma relação que já tinha dado certo – não encarei como algo que deu errado, com um peso extra e fúnebre. Afinal, não dá para dizer que uma relação deu "errado" após cerca de 20 anos de casamento e 2 filhas – é quase uma vida inteira! Deu certo o quanto tinha que dar! E tanto meu pai quanto minha mãe engataram logo outros relacionamentos. E tudo bem... Amor é uma coisa abundante neste mundo, segue o baile!

Ouvi minha mãe dizer, muitas e muitas vezes, que era muito melhor estar sozinha do que mal acompanhada e que ela nunca tivera problemas em estar só, com a própria companhia. Naquela época eu nem sabia ao certo o que era solidão, eu só a temia, por isso somente parei para analisar essa frase muito tempo depois.

Mocinha no colégio, nunca me achei a mais gata da turma, me achava até meio sem graça, muito magra, nariz grande demais, seios pequenos demais... porém, tinha noção dos meus atrativos! Me achava uma garota alegre, divertida, com excelente senso de humor e vivia cercada de amigos, o que fazia de mim, de fato, uma pessoa rara e difícil de ser encontrada! Sempre prezei muito a lealdade nos meus relacionamentos, até com quem não merecia... E isso sempre me agregou o valor que até então a suposta falta da beleza me tirava. Me lembro de pensar comigo, quando tomava um fora de um garoto ou o namorico não passava de 3 dias: "Bobo é ele! O cara que estiver comigo será um cara de sorte!". Felizmente, mesmo me esquecendo disso incontáveis vezes na vida, ainda assim trago essa premissa bem guardada, lá no fundo do meu ser. E, mais à frente, também irei ajudar você a encontrar a sua!

Precisei resgatá-la, pois houve um tempo em que me meti em um relacionamento muito problemático, onde achei que não me restara absolutamente nada de bom. No entanto, quando consegui me livrar dessa relação, pude então resgatar minha essência: uma pessoa alegre, divertida e confiante nos meus reais valores. Ela estava apenas soterrada por palavras negativas, mas continuava viva dentro de mim.

Ainda no colegial, tinha colegas que se julgavam muito feias, umas por estarem acima do tal peso "ideal" imposto por *não-sei-quem* e outras por se julgarem baixinhas, que sofriam caladas nos seus mundos particulares, morrendo de amores pelo garanhão da turma, enquanto esse vivia pulando de galho em galho sem conseguir, efetivamente (e afetivamente), construir laço algum, com quem quer que fosse. Vários desses mulherengos, cobiçadíssimos na época, hoje estão solteiros, mal-acabados, alguns com 3 filhos de três mães diferentes, que não fazem a menor ideia do que seja ser PAI – só pagam pensão e continuam correndo atrás de meninas de 18 anos... Fazer o quê?! Ainda bem que esse tipo nunca fez o meu tipo! (rs)

Eu vivia falando para essas colegas, que se colocavam em posição inferior só por causa dos atributos físicos, que o AMOR não era narcisista ou fútil, que o AMOR enxergava muito além da beleza externa – mas não sei por que não surtia muito efeito naquela época. E, acreditem em mim, não era demagogia. Eu sei que a beleza pode, sim, atrair um parceiro, e que é muito mais valorizada do que realmente deveria ser. Mas a beleza nunca me fez ficar onde a alma era rasa demais. Me relacionei com alguns tipos que não eram nem de longe considerados bonitos e galãs, mas que me fizeram extremamente feliz, muito mais do que o cobiçado do escritório, que era um bobo, sem papo e cheio de piadas manjadas.

Parando para analisar, acho que sempre tive a cabeça um pouco à frente da molecada da minha faixa etária e fui um tanto incompreendida por isso! Talvez daí se explique a razão de eu sempre ter tido amigos e namorados mais velhos do que eu.

Passei boa parte da vida esperando enxergar a luz em cima do ombro da minha alma gêmea, como narrou Paulo Coelho em *Brida*, e nunca encontrei. Passei anos acreditando que o amor da minha vida chegaria de repente, me olharia nos olhos, diria que eu era tudo que ele sempre havia procurado, me pegaria pela mão e mudaria minha vida inteira, da noite pro dia! Perdi noites esperando que me roubassem o ar num súbito e fatal golpe da paixão e não havia me dado conta de que amor e paixão eram duas coisas totalmente distintas.

Me atirei às cegas em um abismo profundo por causa dessa minha mania de perseguir exasperadamente a paixão. Quando, por fim, a encontrei, uma única vez nesta vida, vale ressaltar, devastadora tanto quanto eu esperava, não hesitei nem por um segundo – me abandonei, esqueci de mim mesma e me entreguei completamente. Vivi a vida do outro por anos a fio. Fui profundamente infeliz depois que a euforia acabou, pois percebi que não havia mantido nem um pouquinho da minha essência, e por isso passei muito tempo procurando onde havia me perdido. Fiquei de mal de mim, me ignorei... me denegri. Tive de chegar ao fundo do meu poço para perceber que a única corda de subida que eu tinha era a MINHA força de vontade, o meu amor por mim mesma. Mais ninguém conseguiria me tirar de lá.

Fui assim a vida inteira. Quando não encontrava uma paixonite efêmera nem um amor que pudesse durar pela eternidade, eu inventava. Porque julgava minha vida demasiadamente sem graça para seguir sozinha e porque meu grande objetivo sempre foi achar a minha "arara-gêmea" para formar uma família. Quis me casar com meu primeiro namorado quando tinha 16 anos e ele 24. Nem preciso dizer que não deu certo, né? Pensei que fosse morrer de tanta tristeza quando o menino mudou de cidade sem ao menos se despedir, mas então... baladas depois, já havia encontrado meu novo amor do momento. Essa, realmente, é uma das vantagens de se ter 16 anos.

Encontrei um *parceiraço*, um dos caras mais bacanas que conheci. Foram anos de muito amor e farra! E terminamos sem ressentimentos, tanto que nossa amizade se mantém forte até hoje. Isso existe! Eu jamais teria vivido esse amor se não tivesse me permitido, me dado chance. Ele não era, à primeira vista, o tipo que estava acostumada a sair, mas quis conhecê-lo um pouco mais após as poucas horas do primeiro encontro (onde ele já me prendeu a atenção totalmente!), e fui positivamente surpreendida. Ali eu percebi que o amor existia e que ele podia ter várias intensidades, nem sempre lascivo como as paixões. Eu descobri o amor bom, amigo, companheiro, aquele que é feliz comendo pão com ovo, sem luz em casa num dia chuvoso. Aquele amor que nos basta, nos conforta; nos conforma. Faz a vida ser mais fácil. Sentiria mais tarde muita falta desse amor quando conheci seu oposto – mas ele foi crucial para eu seguir acreditando que os amores bons existiam.

Quanto a ex-parceiros, não tive muitas recaídas. Sempre que uma relação terminava eu me convencia de que apenas não éramos o parceiro certo, um para o outro, e preferia seguir adiante na esperança de encontrar alguém especial. Claro que quando muito se ama e o relacionamento termina por causa de uma bobagem, ou pela vontade do outro e não pela nossa própria, ter uma esperança de reconciliação sempre é normal. Mas daí a viver anos nesse vai não vai, como em uma brincadeira de balanço, é uma espécie de fuga do motivo principal: o AMOR. Aliás, ficar em uma relação assim por questões como posse e insegurança, ou mesmo conformismo, é como tomar diariamente um veneno que mata de forma lenta e mortal.

Bem, pelo menos uma coisa boa de mim posso falar: Eu VIVI. Eu atendi a todos os chamados do meu coração. Eu fui LEAL a mim mesma, todas as vezes. Nunca estive com alguém por interesse ou preocupada no que iria ganhar. Sempre estive querendo estar, enquanto eu quis estar. Não importava se isso durasse um fim de semana ou um verão inteiro. Eu sempre me permiti. Até porque sempre tive a consciência de que nem todo caso precisa virar casamento; nem todo romance é o grande amor de nossas vidas. Certas vezes, eu tinha a noção de que a pessoa não combinava muito comigo, de que tínhamos vidas diferentes e propósitos diferentes, resumindo, eu tinha o entendimento de que aquilo não iria virar um relacionamento sério, mas quis viver assim mesmo. Me divertir com os "errados", como costumam falar, enquanto "O cara" não aparecia. Nessas aventuras românticas, escutei mais de uma vez que aquilo não passaria de um namorico, e tinha gente que fazia uma lista enorme e eu achava a maior baboseira. Embora tivesse a noção de que não era o cara ideal para mim, eu também nunca me limitei, nunca disse para alguém: "Isso não vai passar daqui". Sempre deixei meu coração livre para sentir o que tivesse de sentir, e continuamente o respeitei.

Eu sempre fui uma romântica incurável. Alguém que até hoje não consegue separar sexo do amor. Alguém que até hoje gosta de ter os pensamentos e o ar roubados. Alguém que precisa ter muito mais que uma simples conexão carnaval para se entregar, alguém que necessita de um entrosamento mental e espiritual. A diferença é que, hoje, não faço disso meu objetivo de vida. E esta leveza me permite ser profundamente feliz.

Falo a todo momento para as minhas filhas (de 7 e 11 anos), que um relacionamento serve para esse propósito: complementar a nossa já existente FELICIDADE, nada além disso! Porém, independente de sermos mulheres, isso vale para os homens também: **Não faça de outro ser humano seu objetivo de vida!**

Estamos quase em 2020, mas, às vezes, sinto que pouca coisa mudou dos anos 1940 até hoje. Mesmo com o movimento feminista ganhando força e visibilidade, mesmo com novas palavras que o Word nem consegue decifrar ainda, como "sororidad" e o fantástico "empoderamento feminino", ainda vemos mulheres baseando suas vidas unicamente em cima de uma figura masculina. Os homens não sofrem esse tipo de pressão, pois, se um cara de 40 anos ainda está sozinho, ele está "escolhendo" bem ou está "aproveitando a vida". Mas se uma mulher na faixa dos 30 anos está sozinha, ela é, definitivamente, "encalhada" perante a sociedade. Quando me separei, anos atrás, as pessoas vinham conversar comigo em tom de velório, apertavam a minha mão, me diziam que ficasse tranquila, que eu aparentava estar ótima e que logo logo encontraria um marido novo pois ainda era jovem. Mas ninguém se lembrou de perguntar COMO, realmente, eu estava me sentindo! Ninguém me perguntou se ao menos eu queria um marido novo! Meu ex? Foi enaltecido pelos amigos que lhe invejavam e diziam "O GUERREIRO VOLTOU!" e "É ISSO AÍ! SE LIVROU DAS ALGEMAS!" Então, podemos concluir que o divórcio para as mulheres é um enterro em vida, motivo de profunda tristeza e preocupação e o divórcio para os homens é motivo de alegria e comemoração. Eu achava isso hilário e ria por dentro toda vez que vinham me consolar pelo fim do casamento que EU quis terminar.

Pera lá! Homem não é carreira ou trabalho. Homem não é faculdade ou curso técnico! Homem não é loteria nem garantia de estabilidade financeira. Homem não é status nem grife. Como homem pode ser meta de vida?! Como disse em meu primeiro livro, *Nunca quis um marido, sempre quis um companheiro*, casamento não é garantia de felicidade. Então, por que será que ainda fazemos tanta questão de manter esse padrão besta? De manter muitas vezes relacionamentos fracassados só para não perdermos o "status" de mulher casada? Por que será que nós, mulheres, ainda nos sentimos vulneráveis se não tivermos um homem para nos acompanhar? Por quê?! Porque é cultura. Porque está enraizado em nós! Mas isto não significa que seja uma regra perpétua. Ou seja, é possível – e acredito que já passou da hora–, de modificarmos essa mentalidade retrógrada de que uma mulher só é plenamente feliz se tiver um homem ao lado.

Seguindo nossa retrospectiva, quantas vezes você já lamentou a falta de um namorado só para poder ir ao cinema contigo ver aquele drama romântico ou jantar no novo restaurante da moda que inaugurou recentemente? Ou até mesmo para dirigir o carro à noite, na estrada, voltando da praia? Quantas vezes você já topou uma companhia ruim só para não chegar sozinha ao evento da firma ou no casamento de uma amiga? Já parou para refletir se sente falta de um Amor ou de uma **Presença?**

Vira e mexe recebo ligações de amigas chorando depois de terem tomado uma garrafa de vinho, dizendo que passaram dos 30 anos e não se casaram nem tiveram filhos, e que a vida está muito ruim por causa disso. Mas, calma! Casar e construir uma família tem de ser algo natural, e não uma formalidade ou imposição social. Ter um namorado/marido/companheiro é uma consequência do fluxo da vida, não uma regra. Homem não é antidepressivo nem muleta nem cartão de crédito sem limite! Então, como pode ser fonte de alegria absoluta? Não pode – e nem é!

Faz pouco tempo que minha caçula perguntou: "Mamãe, preciso me casar para ter um bebê?". Eu respondi: "Não. Você só vai se casar no dia em que se apaixonar por alguém e esse alguém se apaixonar você. Somente depois disso é que você terá filhos – e apenas se os dois quiserem. Mas você também pode ter um bebê sem se casar. Você não é obrigada a casar para ter um filho!" Ela sorriu e disse: "Que bom saber disso! Porque eu quero um bebê, mas não quero me casar, não!". E então rimos juntas. Pois realmente não quero que minhas filhas se casem por obrigação ou para cumprir os protocolos. Quero que elas sejam FELIZES, acima de qualquer coisa! E antes que digam que faço apologia ao divórcio, não é verdade... faço, sim, apologia ao amor. E, acima de tudo, ao amor próprio!

A felicidade a dois depende, exclusivamente, da capacidade individual de ser feliz. Eu demorei bastante – 31 anos, mais exatamente – para aprender isso. Que jogar nossas expectativas e desejos em cima de outro ser humano e esperar que ele cumpra à risca nossas vontades é uma utopia suicida. Uma relação de onde acabaremos saindo feridos, mais uma vez, e depois culparemos a "vida".

E você? Já culpou a vida pelo teórico fracasso dos seus relacionamentos? Ou a culpa é sempre sua, só sua e de mais ninguém?

Veja bem, eu, depois de me martirizar e culpar-me por términos de (quase!) relacionamentos – relâmpagos e um tanto confusos –, acredito hoje que não existe esse clichê de "ser uma pessoa difícil de ser amada". O que existe, a meu ver, é a dificuldade em ACEITAR o outro como ele é, e ser igualmente aceito. Portanto, livre-se imediatamente dessa ideia, se for o seu caso. É a real dificuldade em se acertar os ponteiros quando somos completamente diferentes do outro que nos causa essa falsa impressão.

Porque, até certo ponto, as diferenças são saudáveis e nos servem de complemento, de aprendizado, de ensinamento, fazendo com que a relação flua e seja prazerosa. Mas, passando esse ponto (que, vale lembrar, é individual, ou seja, cada um é que sabe qual é o seu ponto limite), as diferenças começam a pesar muito e inviabilizam a relação, mesmo que se tenha "amor", ou que se queira muito amar (que acredito ser a expressão mais correta).

Então, posso dizer que os opostos se atraem, que os semelhantes se dão bem... mas os DISPOSTOS é que permanecem juntos.

Vou dar um exemplo do que quero dizer. Lembram daquele namoradinho de quando eu tinha 16 anos? Éramos completamente diferentes um do outro, ele era um cara totalmente frio, racional e nada afetivo. Já eu sou emoção pura, romântica ao extremo e não sei amar pela metade; não sei ser parcialmente amiga nem me envolver vagamente. Nunca soube. Você imagina o que tal junção resultou? Eu, cobrando atitudes, palavras, repreendendo gestos e sendo profundamente infeliz porque ele não me dava o que eu esperava. E ele, se sentindo a pior das criaturas do mundo, sentindo-se pressionado o tempo inteiro e irritado.

Certa vez, ele me disse: "Eu faço o meu máximo por você, até onde posso fazer, mais isso nunca é suficiente para a sua pessoa. Você é muito difícil!"

Insisti o máximo que pude na relação e me culpei também, afinal, a culpa de não ter dado certo era minha, já que ele fazia tudo e nunca era suficiente para mim. Dali por diante, vivi mais algum tempo com essa crença ainda latente dentro do meu coração: "Eu sou uma pessoa difícil". Ou seja, eu tinha sorte em atrair as pessoas, mas minha personalidade tirana acabava com tudo. Socorro! E então comecei um caminho inverso e igualmente penoso na próxima relação, beirando a autoflagelação; comecei a aceitar tudo do meu parceiro, tentei não discutir, não impor minhas vontades nem expor muito minha opinião. Passei a me podar e me anulei para não "sufocar" meu parceiro. Deixei correr solto, à revelia, para não "pagar" de mulher chata. O resultado desse relacionamento? Ele terminou comigo, alegando que eu não ligava e não dava a devida importância à relação... Como assim?!

Vejam bem: o primeiro terminou comigo porque eu era intensa "demais" e o outro, porque eu era intensa "de menos". Então, qual seria a medida perfeita?

Segui acreditando que eu era mesmo uma pessoa difícil de ser amada e evitei relações que pudessem virar algo mais sério por algum tempo. Até conhecer a tampa da minha panela. O ser que me fez ver que eu era perfeita, sim, daquele meu jeito... E sabe por quê? Porque ele era bem parecido comigo. Porque tínhamos vindo de relacionamentos similares, ambos com as pessoas erradas. E porque tínhamos o mesmo propósito, a mesma disponibilidade de entrega.

E desde então, a partir dos meus 20 e poucos anos, aprendi essa lição. O meu primeiro namorado estava errado? E o segundo? Eu que era DIFÍCIL? Não! Apenas éramos pessoas diferentes, com disponibilidades diferentes. Só isso. A MEDIDA PERFEITA É A SUA MEDIDA. Nem a mais nem a menos. Simplesmente **VOCÊ**. Portanto, caia fora desse relacionamento que te convence que você é problemática que nunca "está satisfeita com nada", que você "reclama de tudo", pois, se a gente reclama muito e vive cobrando o outro de coisas que teriam de ser naturais e espontâneas para ele, é porque ele não é o cara certo, a pessoa que buscamos. E não se pode amar quem não nos ama de volta e na mesma proporção, pois o AMOR, de verdade, se alimenta da RECIPROCIDADE. Qualquer outra coisa que não tenha reciprocidade, disponibilidade e vontade real de estar junto e fazer dar certo, não pode ser chamada de amor.

VOCÊ É UMA PESSOA BOA O SUFICIENTE.

Não deixe que ninguém te faça sentir o contrário. Não se coloque em posição inferior. Não vista carapuças que não são suas.

VOCÊ É BOA O SUFICIENTE para a pessoa certa. Para a pessoa que a esta hora está te procurando e rezando aos céus para te achar. Para a pessoa que irá rir das suas bobagens, mas também te amparar quando você chorar feito criança, sempre que precisar. A pessoa que fará por ti, tudo o que você sempre fez pelos outros.

A pessoa que retribuirá os seus sorrisos fora de hora, os seus olhares indecentes, os seus abraços apertados, as surpresas românticas que você tanto gosta... A pessoa que entenderá as suas manias, que te ajudará a sair do poço todas as vezes que você estiver lá embaixo.

Pense nisso! Que tudo que alguém reclama em você hoje, outra pessoa pode amar amanhã. Essa é a mágica da vida. Não existem pessoas "difíceis de ser amadas", apenas existem pessoas certas e erradas.

Tomar consciência disso é algo fantástico e libertador, e nos evita muito sofrimento, culpa e dor. Tome consciência disso agora e derrube mais esta crença limitante: **Você não é difícil!**

O maior medidor para saber se o seu companheiro atual é ou não a pessoa certa para você é o SORRISÔMETRO. Se você sorri mais do que chora, mesmo com todos os perrengues e desentendimentos, então acredito que esteja no lugar certo. Mas se você deixou de sorrir faz tempo e só vive mergulhada em cobranças e expectativas frustradas, em incertezas e desconfianças... então vá embora o quanto antes. Não acredite na desculpa esfarrapada de que todos os "relacionamentos são assim mesmo"... O amor nunca é "assim mesmo"!

Pegue um papel e caneta, se for preciso, e faça uma lista dos seus relacionamentos amorosos, o que eles têm em comum e os pontos mais opostos.

Você vai achar semelhanças entre eles, que talvez não tivesse parado para pensar ainda – e essas semelhanças são um forte indício das suas crenças limitantes.

Eu, por exemplo, analisando friamente meus três ex-parceiros, percebo dois pontos em comum: o primeiro, que não me passou despercebido, é que fui a namorada mais séria da vida deles até aquele momento, já que nenhum tinha tido um relacionamento anterior tão sério quanto o que tiveram comigo; em segundo lugar, os três me disseram que fui o "primeiro amor verdadeiro" deles. Curioso, não acham? E os três têm histórias semelhantes, quando os conheci: moravam com os pais, sem boas condições financeiras individuais, eram profissionais em início de carreira e, portanto, imaturos em certos aspectos. Embora tenha aprendido coisas diferentes com cada um deles, tenho certeza de que também muito os ensinei. E aí vem o inevitável questionamento: "Por que eu só me relaciono com o mesmo tipo de pessoa?" Isso envolve muito da minha crença limitante e muito do que eu acreditei ser verdade, durante bastante tempo, e que discutiremos no próximo capítulo.

Ou seja, podemos dizer que a tal da "sorte" que minhas amigas afirmavam que eu tinha, se baseava apenas em quantidade – e não em qualidade – de relacionamentos. Por isso, hoje, quando as pessoas me perguntam como conseguir uma relação e como atrair o amor, eu respondo de formas diferentes, pois são duas perguntas distintas. Conheço várias formas de se conseguir um relacionamento... se é apenas uma companhia que se deseja. Mas conheço uma única forma de se atrair o AMOR. E é sobre essa forma que se baseia este livro. Quando descobrir a resposta, tenho certeza de que o amor te encontrará muito em breve. Na verdade, é assim que ele nos encontra, e não o contrário, como muitas vezes pensamos.

Na sua retrospectiva você conseguiu ligar os pontinhos em comum dos seus relacionamentos? Eles serão importantes para o próximo passo. Eu acredito que atraí para mim relacionamentos com homens que ainda não haviam tido relações sérias porque meu inconsciente se julgava um mestre na arte de amar, ou seja, eu acreditava ter muito a ensinar para os outros. Felizmente enxotei essa crença ridícula e passei a buscar relacionamentos que fossem mais equilibrados e nos quais o aprendizado fosse mútuo. Consegui!

E se você me disser que não tem um relacionamento há muito tempo e que comprou este livro justamente porque não aguenta mais viver sozinha, eu insisto: Faça a sua retrospectiva.

Enumere os possíveis porquês aos quais você atribui a falta de um relacionamento na sua vida. Escreva todos que lhe vêm à cabeça. Pode ser algo do tipo: "Não tenho um relacionamento porque sou muita ciumenta" ou "Não consigo me relacionar porque os homens só querem sexo e nada mais".

Aliás, essa última frase é algo que escuto muito. Eu escrevi recentemente um texto que repercutiu bastante e pensei em colocá-lo em algum capítulo mais à frente, porém, vou reproduzi-lo aqui para ajudá-la na sua retrospectiva – mas seja sincera contigo, amiga. E, caso você seja homem, leia bem atentamente e só troque para o gênero masculino, certo? Acho totalmente válido!

Como anda o seu LinkedIn sexual?!

Oi?! Sim, a pergunta está correta!

Cuidado com o marketing pessoal errado! Às vezes, sem querer, passamos uma imagem que não queremos.

No LinkedIn, no Tinder... na vida!

Metade das coisas que dizemos e fazemos, atualmente, é pensada com antecedência em "Modo Público". Se formos analisar, quantas coisas você já deixou de postar em suas redes sociais porque tem parentes no seu círculo de amizades? Quantos comentários deixou de fazer porque alguém do seu meio profissional poderia ver? E quando esteve a sós com um cara, quantas atitudes tomou porque estavam no seu banco de dados, na pasta "Coisas que os homens gostam"?

(E vocês, amigos homens, será que não cobram demais as parceiras a respeito disso? A vida NÃO é um filme pornô! rs)

A questão é que ultimamente vivemos no "Modo Público", e até nossa mente "privada" está se condicionando a isso. Mesmo quando não tem ninguém vendo, ou ouvindo, ainda assim tomamos certas atitudes. Não porque de fato queremos, mas porque julgamos ser "politicamente corretas".

Estamos nos acostumando a mostrar sempre o lado mais *cool*, o melhor ângulo de perfil, que vai ganhar mais "likes", seja no Instagram ou no escritório, no Facebook ou no "Face a Face".

Vou narrar rapidamente um caso que um amigo de infância me contou recentemente, e que me fez pensar um pouquinho. Alguns amigos dele andavam reclamando por estarem solteiros, por não acharem uma namorada que quisesse algo sério.

Mas, como pode, se as minhas amigas vivem me dizendo a mesma coisa?!

Acho que vou marcar um encontro coletivo pra ver se rola alguma coisa... Brincadeiras à parte, será que realmente está rolando um desencontro, um equívoco de informações? Os caras dizendo que não queremos nada sério, enquanto nós estamos fazendo força para não nos apegarmos? Será que nosso "perfil" está FAKE?!

Tenho mais um caso. Meu amigo conheceu uma vez uma moça numa balada, deram uns beijos e decidiram seguir para o motel. Chegando lá, a moça partiu pra cima dele, "do nada" (isso segundo as palavras do meu amigo). Quase rasgou a camisa dele, tirou a roupa dela de uma só vez e o jogou na cama, depois pulou por cima, gemendo e gritando! Ele disse que tomou um susto, então, rolou pra cima dela, deu-lhe um daqueles beijos de desentupidor de pia e.... nada.

Ele disse que o amigo "de baixo" não acordou. Não reagiu. Aí precisou dizer a ela: "Olha, vamos com um pouco mais de tranquilidade? Como você se chama mesmo? Vou pedir uma bebida. Onde você mora? Podemos conversar um pouco?" Então, no início, ela ficou um pouco assustada, constrangida até... mas logo tirou a "máscara" de devoradora de homens e eles engataram um papo legal. Ela tinha senso de humor, rolaram as preliminares e, no fim, a noite foi bacana. E o sexo não teve nada a ver com *Cinquenta Tons de Cinza* – pelo contrário, foi tudo leve e divertido.

O que eu refleti após escutar a história? Será que isso já teria acontecido comigo – ou com você? Tomar atitudes no automático, achando que seriam um sucesso, mas descobrir depois que nenhum dos dois queria nada daquilo?

Da minha parte, escuto minhas amigas dizendo, vira e mexe, que viram um truque novo na internet, uma massagem peniana que vai deixar o cara louco, que compraram um gel que vai contrair a vagina e o levam na bolsa pra balada.

Eu não tenho nada contra brinquedos, estimulantes e sexo casual... pelo contrário! Nada contra o Tinder. DESDE QUE a real intenção seja SER FELIZ, se DIVERTIR e deixar rolar!

Mas entrar nesse tipo de situação querendo "fisgar um namorado a qualquer preço", um grande amor, um companheiro/marido? Acho que não rola.

"Bruna, você acha que o cara não vai querer nada sério comigo porque transamos no primeiro encontro?"

NÃO! Não é nada disso!

É porque a sua cabeça vai estar focada em outra questão: O DEPOIS. "Será que ele vai me ligar depois?" "Será que ele vai querer sair novamente depois do sexo?" E aí acaba a graça, entende? Pois entram as expectativas negativas.

A mente tem que acompanhar o corpo e estar no "AGORA". Não curte sexo com estranhos? NÃO faça sexo com estranhos!

Está A FIM mesmo, com tesão pra transar na primeira saída? Transe na primeira saída! Mas não acho que vale a pena fazer algo só para "conquistar". Porque, no fim, acabamos nos maltratando.

Eu, por exemplo, nunca consegui separar sexo do amor, e hoje admito isso sem problemas. Mas, acredite, isso já foi um perrengue para mim. As minhas amigas diziam que eu tinha que aprender a me divertir. Mas, PARA MIM, diversão passa longe disso! Eu gosto de entrosamento, conquistar primeiro a "cabeça" ou não vai ter o "corpitcho"! Mas já encarnei a mulher fatal para impressionar e posso dizer: não foi bom para mim!

Pois bem, meu amigo e a moça saíram mais umas duas vezes, mas não rolou aquela química pra virar namoro, embora ela tenha deixado claro pra ele que, mesmo assim, gostaria de um envolvimento a mais.

A questão é que, por pouco, a noite deles quase terminou em um desastre.

Porque, ainda hoje, em pleno século XXI, nós, mulheres, crescemos ouvindo das mais velhas, seja irmã, prima ou amiga, que devemos "enlouquecer um homem na cama". Mas a grande verdade oculta é que NÃO PRECISAMOS DE HOMEM para nada! Apenas gostamos deles e ponto!

Vai dizer que você nunca escutou "O que um homem não faz por sexo?" Aposto que muitas aqui (como eu!) já ouviram de um cara, ou mesmo do marido: "Ah, você não quer sexo comigo, tá 'regulando'? Então vou ter que procurar em outro lugar..."

Isso é normal acontecer e ainda hoje encontra respaldo na sociedade.

Até mesmo a sororidade se vai nessas horas. E, pasmem, eu já escutei amigas falando que Fulana foi traída porque não dava "ASSISTÊNCIA" em casa pro homem.

Oi?! E a assistência que eles nos dão para que essa situação não aconteça? Alguém aí já viu?! (Abafa o caso!)

Toda hora pipocam matérias na internet do tipo "10 dicas para um sexo oral perfeito no gato", "Como deixar seu homem louco" ou "Dicas infalíveis para ele ficar na sua".

E para eles? Duvido que leiam matérias do tipo "Como conquistar VERDADEIRAMENTE uma mulher por mais de uma noite" ou "Dicas para você mostrar que não é um babaca qualquer e ganhar o coração do seu amor" ou, por que não, algo como "Receitinhas fáceis para surpreender a gata no jantar".

Acredito que a "literatura masculina" não fique além de "Como manter a ereção por mais tempo" e "Como fazê-la gozar rapidamente".

Está na hora de pensarmos em NÓS e nos priorizarmos! Concordam?

A coitada da moça que saiu com meu amigo deve ter lido e escutado muitas coisas do tipo "Dicas para seduzir um homem no primeiro encontro" e "Como ser *sexy* na cama". Ainda arrisco dizer que ela deve ter recebidos "conselhos" como "Dê um bom chá de pernas (pra não falar outra coisa) para ele ficar apaixonado por você!" e "Geme alto que eles adoram!". E, então, ela caiu na besteira do marketing pessoal errado, quis passar a imagem de uma mulher avassaladora, sem que tivesse, ao menos, clima para isso. Meu amigo, por sua vez, cresceu ouvindo "Homem que é homem NÃO FALHA" e "MACHO não recusa mulher". Também deve ter recebido conselhos do tipo "Parte pra cima e mete com força que elas adoram".

Os dois agiram como **teoricamente** se deve agir. Moral da história: Perderam as vagas, pois os currículos eram falsos...!

Não estou aqui dizendo para você ser "santa" ou falsa puritana, até porque tem dias nos quais queremos mesmo uma pegada forte, um sexo selvagem. Mas também tem dias nos quais queremos amorzinho tranquilo. Estou tentando dizer que, independente do seu caso, não vale a pena encarnar uma personagem para seduzir alguém.

Então, como seria o seu perfil do LinkedIn SEXUAL?! Não vale mentir, hein!

Todo mundo incrementa um pouco o perfil do LinkedIn para parecer mais atraente, sério, profissional e dar aquela valorizada básica!

Por favor, ignoremos a parte "Formação Acadêmica", ok? (rs)

Será que o seu terá "Sexo só com amor e envolvimento", "Não gosto de anal" ou "Adoro um 69"? Pense nisso! (hahaha)

Não foque somente em ganhar *likes* do cara. Lembre-se que se você coloca que tem alemão fluente e te chamarem para uma entrevista, vai pegar muito mal se você não falar alemão fluentemente! Da mesma forma seria o nosso LinkedIn erótico!

O meu seria: "Não curto *Cinquenta Tons de Cinza*"; "Bateu, levou."; "Curto e grosso, só o meu humor matinal!"; "Não quero um parceiro para as minhas noites, prefiro um companheiro para a minha vida!"

Então, fica a dica: Nunca faça algo que não estiver muito, muito a fim de fazer. Também não fale algo que você não é, só para agradar o outro. E isso inclui o seu currículo, também.

Prefira se agradar e se satisfazer antes, e apenas ser VOCÊ. Tanto na entrevista de emprego, quanto na vida amorosa. Melhor ser contratada pelas suas reais habilidades do que por ser uma pessoa que você NÃO é. E da mesma forma penso sobre um relacionamento.

Porque quando é realmente GOSTOSO, dá liga. A conversa flui e, às vezes, o *savoir-faire* conta mais para a vaga do que a beleza de um CV cheio de itens! E isso vale para vida a dois.

O *fake* é cansativo. E estou incluindo fingir orgasmos também, viu?! Ninguém mantém uma mentira por muito tempo.

Como diz o Luis Fernando Veríssimo: "Pior que uma mente insana num corpo sem muito assunto é o corpo chegar ao Nirvana sem que a mente tenha ido junto".

Seja sincera consigo. Caso contrário, como esperar sinceridade de alguém?

E, então, agora consegue responder minha pergunta do início? De quem é a "culpa" pelo "fracasso" da sua vida amorosa: Exclusivamente Sua ou exclusivamente da Vida?!

Identificando suas crenças limitantes

Agora que já fizemos um *tour* pelo nosso passado e analisamos bem nosso histórico de relacionamentos, acho que chegou o momento de identificarmos quais são nossas crenças e, principalmente, quais dessas crenças estão demasiadamente velhas e nos impedindo de ir além, de seguirmos adiante.

Primeiro, te pergunto: Você sabe o que é uma Crença Limitante? Quem estuda os mistérios da Lei da Atração e da física quântica, de modo geral, já está familiarizado com o termo, mas para muitas pessoas este pode ser um conceito totalmente novo e desconhecido.

Nós, seres humanos, trazemos conosco várias crenças, ou seja, pensamentos e conceitos que acreditamos e que, por isso, seguimos. Desde que nascemos somos expostos a todos os tipos de crença que você possa imaginar. Desde crenças limitadoras da prosperidade, como, por exemplo, crescer ouvindo o pai dizendo que "para ganhar dinheiro neste país só sendo corrupto e desonesto" ou "todos os ricos são maus-caracteres; os bonzinhos morrem pobres" e várias outras frases que, com certeza, você já ouviu a respeito de dinheiro. Para uma criança, que está formando sua personalidade e que nada conhece deste mundo, ouvir alguém a quem ela tanto ama, confia e respeita, dizer tais afirmações, já é mais que suficiente para fazê-la acreditar, com todas as suas forças, nisso. E o resultado? Lá na vida adulta, mesmo que ela nem se lembre mais de tais frases, seu inconsciente gravou e, como ela quer ser honesta e seguir o exemplo do pai – e todos os ricos são ruins –, logo, esse adulto vai se ver às turras com o dinheiro. Tende a viver endividado e com aquela sensação de injustiça, de que a grana nunca é suficiente e de que é muito difícil ganhar dinheiro neste mundo. Enquanto essa pessoa não derrubar essa crença que nem lhe pertence de fato, ou seja, não lhe é legítima, ela não sairá da escassez. Fato.

Nós temos também várias crenças impulsionadoras, que, ao contrário das limitantes, só nos fazem bem. Mas a questão é a mesma: A maioria das crenças que trazemos conosco não são nossas. Nós as adotamos porque naquele determinado momento em que as ouvimos – ou nas sequências repetidas em que as ouvimos e as presenciamos –, nossa mente concluiu que ela, a crença, nos protegeria e encarou ela como uma verdade. Para a mente, até que você a acesse e a substitua, não tem jeito... as crenças ficarão lá. Pense que sua mente possui uma tecla "PrintScreen" automática, ao qual você não tem acesso. Ela captura coisas que você nem imagina e as guarda lá, bem no fundo do seu inconsciente. Desta forma, também, criam-se os traumas, as fobias e crenças, que muitas vezes não conseguimos identificar facilmente, pois nosso consciente nem lembra de tais episódios.

Mas eles estão lá, e toda vez que você passa por uma experiência, a sua mente inconsciente, que é seu "sistema de defesa" automático, faz em questão de milésimos de segundo uma varredura por todos os "ficheiros" da sua memória, a fim de associar a experiência atual com alguma ocorrida no passado. E, desta forma, te oferece um parâmetro contundente e real, para que você possa se sair "bem" e se "defender" da experiência. Quando saímos de um relacionamento que nos causou sofrimento, e temos um primeiro encontro com uma pessoa nova na qual estamos interessados, por mais ansiosos e alegres que estivermos, uma "luzinha" vermelha acende em algum momento do encontro e fala lá, na nossa cabeça: "Ixe... não se anime muito, não... você só escolhe errado... vai nos decepcionar de novo!" E aí nós ficamos com o pé atrás e o entusiasmo parece desaparecer, não é mesmo?

É a mente inconsciente nos lembrando da experiência passada. Coitada, ela não sabe que desta vez poderia ser diferente, ela só está fazendo seu papel, que é nos proteger.

Alguma vez você deu uma freada brusca para evitar um acidente enquanto dirigia? E depois, quando parou para se lembrar do ocorrido, você não sabia ao certo em que momento decidiu frear, foi um ímpeto, um gesto automático. "Não sei como foi, quando vi já tinha feito". Isso acontece porque ela, a mente inconsciente, tomou a frente e agiu, não te deixou tempo para decidir entre frear ou não pois isso poderia lhe custar a vida. É dessa forma que ela age. Então, por que não oferecermos recursos mais positivos e boas conexões para ela associar, daqui para frente? Dessa forma, também acredito ser possível a substituição de hábitos negativos, de vícios maléficos, por troca de opções para a conexão Neural x Experiência – mas falaremos disso num próximo livro.

Agora que entendemos um pouquinho melhor o funcionamento da nossa complexa e fantástica máquina chamada Cérebro, você pode ver que não há nada de magia extraordinária, é apenas um tiquinho de PNL (Programação Neurolinguística) aliada com muita força de vontade e uma dose de ciência. É isso que eu sempre falo sobre a Lei da Atração. Que não há nada de religião ou sobrenatural, é física pura + poder pessoal. E falaremos bastante sobre essa lei aqui neste livro, pois, como qualquer lei da física, ela precisa ser compreendida para posteriormente poder ser aplicada. Como as Leis de Newton, por exemplo. Cada planeta tem suas próprias leis. Enquanto a Terra tem a Lei da Gravidade, Júpiter não possui lei da gravidade, mas deve possuir outras tantas que nem fazemos ideia. O Universo também tem suas leis universais, e tomar consciência delas nos ajuda bastante.

Como disse Einstein, a vida é como jogar uma bolinha na parede. Se você jogar uma bola azul, ela voltará azul. Se você jogar uma bola verde... ela voltará verde! Se a bola for jogada de modo fraco, ela voltará fraca, e se for jogada com força, ela voltará com a mesma força. Portanto, nunca jogue uma bola na vida de forma que você não esteja pronta a recebê-la... pois a vida não dá, nem empresta; não se comove nem se apieda. Tudo o que ela faz é retribuir e transferir aquilo que nós lhe oferecemos.

Esse conceito é fantástico e, embora simples, muitas vezes nós o esquecemos. Não nos amamos como merecemos e esperamos que outra pessoa nos dê tal amor. Jogamos migalhas de afeto ao Universo e esperamos receber toneladas de amor e carinho. A matemática não fecha, percebe?

Então, vamos lá! Me diga qual cor é a bolinha que você está jogando! Me diga quais são os seus maiores medos em relação ao amor e aos relacionamentos afetivos. Tempos atrás recebi um *e-mail* de uma moça de 21 anos que me perguntava, nitidamente perturbada e angustiada, e queria que eu a respondesse de qualquer forma, qual era o seu problema, pois ela se considerava uma moça bonita, esperta, havia passado no vestibular de medicina entre os 5 primeiros da sua cidade (em MG, mas não recordo o nome) e, mesmo assim, os homens não lhe davam "o devido valor". Ela narrou que seus relacionamentos sempre começavam da mesma forma, com entusiasmo e amizade, e que, tempos depois, ela era traída. Sim... todos os namorados a traíram. E me lembro bem que um detalhe no seu texto me chamou a atenção: "... e descubro que todos me traíram. Logo eu, que tenho absoluto pavor de traição, que vivi todo o sofrimento que uma traição causa numa família, que prezo tanto a fidelidade, fui traída por todos".

O que exatamente me chamou a atenção foi a expressão "logo eu que tenho absoluto PAVOR de traição", porque, permitam que eu explique um "detalhe" sobre a Lei da Atração: o Universo são sabe ler nas entrelinhas. O Universo não interpreta a nossa mensagem, não faz dedução. A Lei da Atração nos devolve aquilo que enviamos e a mensagem de medo é muito poderosa. Muito mais até que as mensagens de amor e compaixão que emanamos. Então, no momento em que ela afirma, principalmente por causa de experiências passadas, que ela tem PAVOR DE TRAIÇÃO, ela, sem querer, está vibrando na frequência do medo e da TRAIÇÃO. Quanto mais ela pensa em traição, mais traição ela atrai para si. Quanto mais ela se preocupa e, principalmente, FOCA na traição e se baseia em experiências negativas PASSADAS, mais experiências negativas semelhantes ela atrai.

Não à toa vemos tantas e tantas pessoas com crises de pânico e ansiedade, que nada mais é do que criar na mente um pavor por algo que nem aconteceu e que possa vir a não acontecer nunca. E essa ilusão desencadeia uma série de transtornos físicos, como boca seca, coração disparado, falta de ar, formigamento, sensação de aperto no peito, dor no coração, tontura... Se uma pessoa tem FOBIA, ela não precisa necessariamente ver o objeto da fobia para desencadear os sintomas de medo, como a aracnofobia, por exemplo, que é o medo de aranhas. Quem tem essa fobia basta ver uma foto, uma aranha de plástico ou mesmo lembrar de alguma experiência vivida com uma aranha, para que ela sinta calafrios e, portanto, MEDO real e legítimo. O nosso cérebro não distingue o que é real do que é imaginário. Por isso, sinto muito em contradizer René Descartes, mas, para mim, nunca foi "Penso logo existo", sempre foi "Sinto. Logo existo". Pois um pensamento é somente e apenas um pensamento, o que move o mundo é a EMOÇÃO.

Você não vê muitas pessoas por aí tendo ataques de euforia, vê? Embora seja totalmente possível, utilizando os gatilhos certos e treinando a mente. Por quê? Porque somos condicionados a isto. Tudo nos leva a crer, neste mundo, que a vida é algo difícil, penoso e suado e qualquer coisa que seja oposta é encarada como mera obra da sorte, do acaso. Assim, desencadeamos crises de pânico, mas não desencadeamos crises de risos e bem-estar. Porque não é o "comum", não é constante, entende? Felicidade, teoricamente, é esporádica e rara. E nós não estamos acostumados a ela.

A Lei de Murphy, outra lei que não podemos ignorar, diz que se uma coisa pode dar errado, ela certamente dará errado, da pior forma possível. No entanto, se formos "vítimas" de uma situação dessas, a culpa não é nossa. Mas se nos mantivermos nessa energia, aí a culpa será nossa, pois sempre é possível modificar as energias. Por que, para nós, é sempre mais difícil aceitar as bênçãos e as dádivas e sempre mais fácil aceitar as desventuras e tristezas? Como se nós fôssemos fadados a viver uma vida de escassez e privações. Sempre escuto as pessoas falando "Já estou acostumado", quando algo ruim acontece, e "Ah, foi sorte!", quando algo bom acontece. A premissa de que "estamos acostumados" é apavorante, pois nos coloca em situação permanentemente de desvantagem – e quando algo bom ocorre é como se estivéssemos saindo da rotina, do "normal". Quando, na verdade, é para ser o contrário! Devemos nos acostumar com as coisas boas, não querendo subestimar a sorte, mas querendo enaltecer o PODER do pensamento. E, acima de tudo, a forma como você se SENTE. Mais importante que ter, de fato, é SER. Quando nos sentimos fortes, ficamos fortes, nossa saúde fica forte e parece que enfrentamos os problemas com muito mais facilidade. Quando estamos com raiva, parece que dobramos de tamanho, não é? E quando nos sentimos pra baixo, as energias param e todas as áreas de nossas vidas são afetadas. Agora veja, se ondas de rádio, vindas pelo ar, o Wi-Fi, são capazes de gerar energia e transmitir sinais, imagine o que o pensamento é capaz. Porém, e não "somente", o pensamento só é capaz de algo se ele nos fizer SENTIR algo. Caso contrário, é só um pensamento, como os espinhos de uma rosa – se não tocarmos, eles não nos farão mal algum. Nem todo pensamento vira ação, ainda bem. E se o pensamento é a energia, a vontade é o condutor. Um, sem o outro, é apenas desperdício. "Só há uma força no mundo mais poderosa do que uma bomba atômica: A vontade." Não é à toa que dizem que a fé move montanhas. Independente se o medo é bem fundamentado ou não, se eu sinto, é porque existe. Se algo me causa pavor, mesmo que não o esteja vendo ou que não exista materializado, em algum lugar do meu subconsciente ele está concebido. Essa concepção é relativa e individual. Não é porque não podemos pegar, que deixa de existir; desta forma é o vento, que não tocamos mas sentimos, o amor, creio eu, a saudade e por aí vai. Eu sinto. E, se eu sinto, é porque existe. Permita-me propor um rápido exercício.

Com quatro linhas retas, sem tirar o lápis do papel e sem passar pelo mesmo ponto duas ou mais vezes, junte os nove pontos.

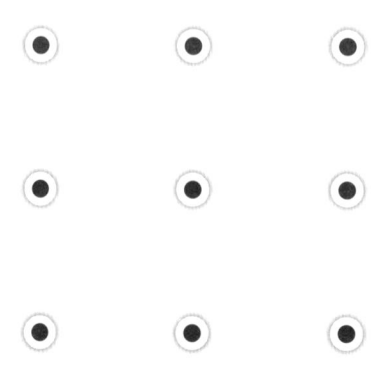

● ● ●

● ● ●

● ● ●

Uniu?

E se eu apresentar esta solução:

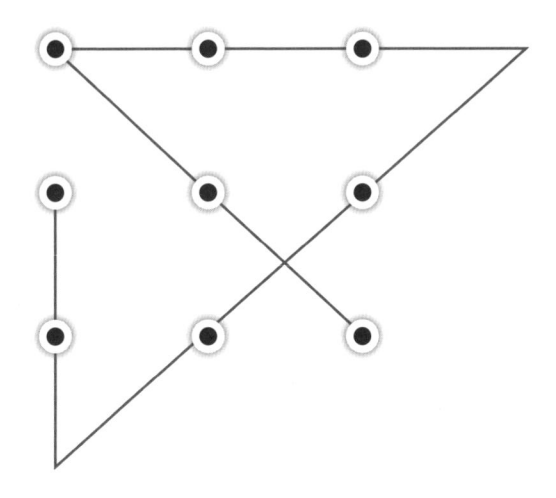

"Mas você saiu do quadrado!", você irá dizer. Aí eu pergunto, que quadrado? O quadrado estava apenas na sua mente. Você está preso a um paradigma, que dizia para você não sair desse "quadrado" imaginário. Esse exemplo mostra bem o que uma crença limitante pode fazer conosco sem nos darmos conta disso. **"A pior repressão é a interior." Pense nisso!**

Pense agora em todas as suas crenças e, por favor, pense em copos. Sim. Copos grandes, de vidro ou acrílico. Uma sequência de copos, enfileirados numa prateleira, um copo de cada cor. MENOS vermelho. Por favor, imagine vários copos, menos VERMELHO.

Me diga o que acontece.

Se concentre mais um pouco. É fácil, só pensar em copos, lindos, azuis, verdes, amarelos... mas não pense em copos vermelhos!

Essa é uma pequena amostra, na verdade, é mais uma singela pegadinha para o cérebro humano. Quando eu digo para você **NÃO** pensar em copos vermelhos é justamente no que o seu cérebro concentra, porque é uma ordem importante, é algo "proibido" e, dessa forma, pode te causar algum mal se você pensar em copos vermelhos. É justamente na importância da ordem, no PESO da informação, que a gente acaba se concentrando...

JUSTAMENTE EM COPOS VERMELHOS!

Porque a ordem é uma negativa, e o cérebro demora uns segundos a mais para acatar negativas, PORÉM, absorve de uma forma muito mais densa, até mesmo porque nós somos acostumados a nos expressarmos na negativa. "Não vire à esquerda"; "Não suje a sua blusa"; "Não se atrase". Raramente falamos: "Chegue no horário!" ou "Coma com cuidado!". Você pode continuar no teste. Após algumas horas, pense novamente nos copos e você vai ver que o foco já não estará mais no copo vermelho. E se você fizer esse exercício todos os dias, depois de um mês, passará a ter até certa dificuldade em pensar em copos vermelhos.

É assim que acontece o condicionamento mental e, na grande maioria das vezes, nos condicionamos involuntariamente. Nos condicionamos a coisas que nem sabemos, sem perceber. Por isso, é superimportante fazer uma vistoria periódica na despensa emocional e se livrar de crenças e condicionamentos que não condizem mais com a nossa realidade atual.

Um ano atrás você era uma pessoa diferente do que é hoje. Mesmo que você diga que não mudou quase nada, no "quase" moram as crenças limitantes sutis, aquelas que se instalam e nem nos damos conta. Mas a pessoa que a cultivou, um ano atrás, não é a mesma pessoa de hoje, portanto, a crença já não pertence mais a você, porque ela não CONDIZ mais com a sua conduta atual de vida. Por isso, esqueça os relacionamentos fracassados que você teve antes. Eles não foram fracassados, vieram para te ensinar e, agora, neste momento, você está tendo uma nova oportunidade de abrir os olhos para perspectivas que até então não haviam sido apresentadas. Se você gostou desta nova perspectiva de vida a use para substituir qualquer crença limitante amorosa que você tenha!

Eu sei que, na prática, não é fácil se livrar de uma crença, mas um bom começo para dissolvê-la é com ótimos argumentos. Não adianta lutar contra o cérebro e se forçar a simplesmente "deletar" uma crença limitante. Se fosse assim, seria uma maravilha!

Elas são grudentas e, às vezes, persistem por toda uma vida. A maioria das nossas crenças limitantes são incutidas em nós por outras pessoas; pais, irmãos e amigos muito próximos, ou por algum fato isolado na infância. Mas ela só faz efeito em nós porque nós ACREDITAMOS nela.

Então, a meu ver, um bom jeito de acabar com as crenças ruins é ARGUMENTAR e ENFRENTAR tais crenças. Se permita um diálogo sincero consigo mesmo; se questione. Identifique a crença, veja que ela não tem mais fundamento algum, que é até ridícula e boba, e ofereça ao seu cérebro um bom substituto para a crença limitante.

Nosso cérebro aprende por repetição. Como qualquer músculo do nosso corpo. Se fizermos exercícios, repetidamente, no braço esquerdo, ele irá se desenvolver muito mais que o braço direito, e por aí vai. E que tal, então, começar logo a treinar seus neurônios para que eles possam focar somente em coisas positivas e na boa energia do amor?

As crenças limitantes amorosas que mais escuto são aquelas sem fundamento, que vêm caducando ao longo dos séculos. Vou falar das principais aqui, a recordista é a seguinte: "**Todo homem é igual. Nenhum deles presta.**"

Uau! Me dá arrepios, pois esta é uma afirmação muito forte e poderosa. Se você pensa desta forma, assim será na sua vida. Você só vai encontrar mais e mais homens que reforcem esta sua crença. Você vai atrair para si homens que não prestam, pois o cérebro não a quer contrariar e o Universo vai acatar prontamente a sua ordem. Mulheres, o recado aqui é reto: Enquanto continuarmos usando desculpas caquéticas para tentar justificar comportamentos erráticos, colocando HOMENS em posição de coitadinhos, perdidos, que não amadurecem, e, ao mesmo tempo, nos colocando como supermulheres, que vão consertar, educar e terminar de criar os marmanjos, as coisas não vão mudar mesmo. Precisamos dar um basta quando já estamos nos "acostumando" a determinadas situações que não são, nem de longe, nosso ideal de relacionamento.

"Ah ele é um criação, com o tempo vai crescer." Essa é uma crença, aliás, acredito ser muito mais uma desculpa esfarrapada que usamos para continuar justificando comportamentos indignos, do que uma crença.

Mas a grande questão é: VOCÊ ESTÁ DISPOSTA A ESPERAR ESSE TEMPO?

A vida não espera.

Se não mudamos as coisas, as coisas acabam por mudar a gente...

Até quando vale a pena insistir em uma relação que não te traz nenhum benefício, só dor de cabeça?

Amor só existe onde há reciprocidade, amizade e respeito.

Qualquer outro tipo de relação sem esses 3 fatores, não é amor, é só hipocrisia. Ser macho não dá licença para ser babaca!

Derrube, imediatamente, essa crença limitante que "homem é assim mesmo", e pare de se conformar com a infelicidade e a dor de cabeça.

O mundo está cheio de homens bacanas, parceiros e leais, mas você só vai enxergar isso quando parar de focar no cara errado. E lembre-se de que se insistirmos muito em uma situação totalmente contrária ao que almejamos, passa a ser uma escolha consciente e não mais uma "fatalidade" do destino. Não adianta dizer que não DÁ SORTE se você segue arrumando, inconscientemente, desculpas para permanecer assim. #ficaadica

Para os homens, a mais comum é: **"Mulheres são interesseiras."** Se você, meu caro, condicionar a sua vida amorosa ao modelo do seu carro e às marcas das suas roupas... aí vai de mal a pior mesmo e só vai atrair mulheres que estejam interessadas nisso. Se você se julga um cara sem grandes atrativos intelectuais, sem os atributos físicos "necessários" formulados na sua concepção, para atrair as mulheres da forma como gostaria, você vai cair na armadilha de tentar compensar a falta desses quesitos. Qual maneira os homens encontram mais facilmente para fazerem tal compensação? Demonstrando poder. E isso nem sou eu que está dizendo, Nicolau Maquiavel já tocava nesse assunto, séculos atrás! Usar o poder como forma de sedução é algo antigo, mas, sim, ainda funciona, não podemos negar. Muitos capítulos da história da humanidade foram escritos dessa forma, com reis, líderes, semideuses e civilizações inteiras seduzidas pelo PODER. No entanto, o poder SEDUZ, convence, COMPRA, porém, será que somente "poder" é suficiente para CONQUISTAR, efetivamente, alguém? Mais especificamente uma mulher? E quando o Poder acabar? Eu penso que a riqueza e o poder são boas iscas. No entanto, só pesca quem vive nessa frequência, quem nada nesse "lago" do interesse. Para existir amor verdadeiro é necessário algo além da riqueza, do poder, dessa sedução momentânea. Já bem dizem que a luxúria e a vaidade são pecados capitais e, embora eu acredite que uma mínima dose dos dois é tolerada na composição do amor, ele, o amor, é avesso à soberania.

Votos de casamento não são só para rimar. Um relacionamento tem mesmo que estar forte na saúde e na doença, na alegria e na tristeza e na pobreza e na riqueza.

Mulher gosta de GEN-TI-LE-ZA. Gentileza aliada a uma boa dose de atitude e humor. Fechou, assim não tem pra ninguém! Nem para os *sheiks* dos Emirados Árabes, vai por mim. Ah! Se vocês, amigos homens, soubessem... Se soubessem o que um bilhetinho de amor escrito à mão é capaz de curar, não precisariam gastar fortunas em presentes caríssimos tentando compensar ausências e "faltas" que julgam tão essenciais. Se soubessem o poder e os arrepios que pequenas palavras sussurradas ao pé do ouvido causam, também não perderiam mais tanto tempo falando putaria! Se soubessem o tesão que uma pegada no pescoço dá, se esqueceriam de pegar na bunda. Se eles tivessem uma vaga noção do que um olho no olho provoca, não ficariam olhando só para o decote. Se vocês soubessem que não existe melhor liberdade do que escolher se prender num abraço, talvez perdessem o medo de compromisso.

Se vocês se dessem conta que nós A-D-O-R-A-M-O-S surpresas, talvez começassem a fazê-las mais frequentemente, e descobririam que mulher gosta de mimo. E não é só das joias que estou falando. Mulher gosta de saber que é amada, nós não somos muito boas nas entrelinhas, se vocês souberem disso, quem sabe não passariam a dizer claramente o que sentem, algumas vezes por dia?!

A gente gosta de uma ceninha de ciúme, sim... no entanto, mais do que isso, a gente gosta de homem com ATITUDE, sem medo de assumir o que sente, aliás, a gente gosta de cara que nos assuma! Nos assuma para os amigos na roda do bar... e também para as "amigas"! Para a família toda, para o nosso ex-namorado... a gente gosta de se sentir protegida e tal proteção não tem a ver com músculos, tem a ver com AMOR! Se vocês soubessem disso... cara... talvez não passassem tanto tempo bombando os bíceps e começassem a bombar os neurônios!

Ah! Se eles soubessem que não precisam ser sarados para nos conquistar, mas que precisam, sim, obrigatoriamente, serem BEM-HU-MORADOS, talvez eles fossem mais espontâneos, né?

Se eles soubessem que quando a gente diz "FALA A VERDADE!", é só uma chance de ver a sinceridade neles. Na verdade, a gente já sabe a verdade. Talvez eles pudessem parar de arrumar desculpas esfarrapadas e aprendessem a pedir DESCULPAS REAIS! O que os olhos não veem, o coração feminino sente, devo informá-los!

Vocês precisam saber que quando a gente diz não ligar, é quando a gente mais precisa de atenção.

E que o nosso simples "Eu te amo" contém uma carga enorme de incertezas e expectativas, por isso, seria bacana se vocês parassem tudo que estão fazendo para responder pronta e francamente um "Eu te amo também!". Vocês precisam saber que esse mesmo "Eu te amo" quer dizer "Fique comigo pra sempre!", "Você é único pra mim" e " Eu te aceito do jeito que você é". Então, comecem a prestar mais atenção ao que suas mulheres dizem.

Se vocês soubessem o que isso tudo causa no coração de uma mulher apaixonada, jamais enganariam ou trocariam essa mulher por qualquer outra que preferisse o oposto... Jamais se convenceriam que mulher só pensa em carro importado, viagens caríssimas e cartão de crédito.

Mude a sua isca para pescar exatamente o que você deseja para a sua vida.

Me diga, quantos casamentos duradouros e felizes você conhece? Eu conheço vários! São relacionamentos perfeitos? Claro que não! Por que o "perfeito" é muito pessoal e relativo. São relacionamentos que têm seus problemas, sim, suas desavenças, mas que os dois envolvidos DECIDIRAM que MESMO COM as adversidades, ACIMA dos perrengues cotidianos, AINDA COM toda dificuldade, os lados envolvidos decidiram lutar para permanecerem juntos. Esta é a melhor definição de um bom relacionamento para mim.

Duas pessoas imperfeitas que fazem o melhor que podem para ficarem juntas.

Nós nos apaixonamos por alguém, na maioria das vezes, porque esse alguém preencheu nossos pré-requisitos visuais, atraiu-nos fisicamente. Não sabemos se ele ou ela é ativista do Greenpeace ou faz trabalho voluntário com idosos. Nosso primeiro ímpeto é ativado pela atração física.

Mas o AMOR depende de muitos outros fatores para acontecer.

Não adianta nada ser só bonito. Um sorriso lindo com uma alma feia. Corpos preenchem camas, mas não corações. O coração precisa de outro tipo de estímulo. A beleza física cansa; enjoa. Uma alma bonita torna-se cada dia mais bonita, quanto mais a conhecemos, e esse é o verdadeiro amor nesta vida. Não aquela paixão desmedida que se vai embora tão subitamente quanto veio.

O amor é crescente, permanente. Embora não seja, necessariamente, fervente todo o tempo. Ao contrário da paixão, que ferve tanto que evapora.

A engrenagem de um relacionamento afetivo é delicada, e, para que ela funcione sem emperrar, é preciso estar atento e realizar manutenção periódica e preventiva!

Ela só funciona com as duas peças principais encaixadas, ou seja, mesmo que se queira amar por dois, na prática nunca funciona.

Os dois precisam estar empenhados em fazer dar certo. A vontade de se estar junto tem que ser maior que o orgulho. O ego tem que se calar e, muitas vezes, há de se abdicar do troféu de campeão da discussão, em prol da harmonia.

Amor é um tabuleiro esquisito... quem ganha nem sempre ganha, e quem perde, às vezes, torna-se o grande vencedor.

Relacionamento é troca; parceria, acima de romantismo. É um fazendo o melhor que pode, quando dá, e o outro tendo a plena certeza disso. São os dois lados de uma balança, algo equivalente.

Nenhum pode pesar mais que o outro, senão o lado em suposta desvantagem vai se tornar muito cobrador e carente e o lado que está "ganhando" se sentirá pressionado e injustiçado. Por isso, a pesagem tem que ser constante e VERDADEIRA.

É mais que a obrigação cotidiana dos afazeres domésticos, das satisfações e rigidez com horários; é sobre o comprometimento emocional, a disposição, a capacidade de entrega. Amor é alquímico e altamente reagente. O resultado dessa alquimia depende do que nós adicionamos a ele. Se colocarmos ciúmes em demasia, ele explode. Se não colocarmos nem uma gotinha sequer, ele não mistura. Se adicionarmos expectativas demais, ele se transforma em carência, se colocarmos expectativas de menos, ele desanda por completo. Amor é um troço que quanto mais se dá, mais rico fica. Quanto mais dividimos, mais ganhamos!

O amor é a matemática dos loucos!

Porque há de se ser louco para querer se doar a outro alguém. Para fazer questão de ficar unido, quando se tem o mundo inteiro à disposição. Para se viciar num beijo... beijos são piores que drogas. Falta de abraço, daqueles braços amados, provocam crises de abstinência seríssimas. Só os loucos amam com maestria. Ciências exatas não resolvem a equação. Porque não se ama com a razão. Assim, chegamos à conclusão que você, que está lendo este livro, é louco! E eu também, mas isso eu já sabia, afinal, como já disse anteriormente, sou uma eterna apaixonada pelo amor.

Ama-se o outro pelo modo que ele nos faz sentir, pela sensação que a sua ausência nos provoca, muito mais pelo que a sua presença é capaz de resolver. Ama-se quando o outro já não possui mais muita coisa para nos oferecer. Ama-se além da serventia.

Ama-se, pois o amor é a pitada de magia no caos do dia a dia. Ama-se pelo que se sabe muitíssimo bem, decorado na ponta da língua, e muito mais pelo que não se dá para descrever.

Ama-se, às vezes, sem querer, mas fica somente quem muito quer e quem luta para isso acontecer.

Ama-se porque a sensação provocada no encontro dos pés frios debaixo dos lençóis à noite supera, instantaneamente, todas as desavenças recém-passadas. Ama-se por tudo que se diz ao outro, tudo de bom que se ouve e, principalmente, por tudo aquilo que os olhos roubam da boca transformando as palavras em coisas inúteis para se dizer. Ama-se pela paz que o outro proporciona à mente e ao espírito e por toda a inquietação que deixa o corpo... e pelo contrário que, de vez em quando, acontece.

Um bom relacionamento é aquele que, mesmo com todas as diferenças e perrengues rotineiros, a gente ainda deita na cama, todas as noites, e agradece!

E não leia minhas palavras com uma velada descrença. Você precisa começar a CRER no AMOR outra vez. Eu digo outra vez, porque todos nós já acreditamos plenamente no amor em alguma época de nossas vidas. Todos nós tivemos ou temos uma avó, uma mãe ou uma tia muito apaixonadas por nós, que demonstravam verdadeira alegria e carinho quando estávamos por perto. Deste modo, esse amor te servirá de base, de bússola, daqui para frente, pois o amor é uma energia, não existe somente o amor físico, carnal, sexual. O amor tem muitas formas nesta vida. E falaremos de todas elas ao longo do nosso livro.

Por hora, peço que retorne aos fichários da sua mente, que vasculhe cuidadosamente cada um deles, a fim de encontrar as suas crenças limitantes.

A terceira crença limitante mais comum que me relatam é: **"Eu não sou bonita o suficiente".** E não posso deixar de perguntar: AONDE está escrito que o amor é só para os belos? Quantas vezes você já se pegou num rápido e involuntário pensamento sobre um dos cônjuges de um casal, por exemplo: "Nossa! Esse rapaz é bonito demais para essa moça!", ou vice-versa, "Essa moça conseguiria um homem mais bonito". Um pensamento um tanto pequeno e limitante, eu sei, mas que nos ocorre vez ou outra nesta nossa condição de HUMANOS! (rs)

A beleza, assim como o próprio amor, tem várias formas. Ela se apresenta sobre vários aspectos e o mais importante e forte, acredite, não é o aspecto físico. Se fosse assim, só os modelos e esteticamente "perfeitos" se casariam e seriam felizes e nós todos já teríamos sido eliminados da humanidade, pois só existiria uma raça linda, com filhos e descendentes de rara beleza. A Terra seria povoada com uma mistura de Gisele Bündchen e Tom Cruise. Felizmente, nem a seleção natural nem o amor ligam muito para beleza física! Ufa!

A beleza até põe a mesa, sim! E põe uma mesa vistosa, daquelas de encher os olhos. A gente fica tão animada que até esquece do menu que será servido. E depois, quando a gente percebe que a refeição posta é horrível? Uma comida que detestamos, e, além de tudo, passou do ponto e está salgada demais. O que fazer? Continuar o jantar parece loucura, não é? Mas, e a mesa?! Está tão linda! A verdade é que você pode até tentar fazer um sacrifício, mas quando a fome apertar, meu amigo, você vai preferir uma mesa modesta, não tão exuberante, mas que te sirva bem, sua comida preferida, e que te deixe satisfeito! Desta forma também é o amor, penso eu! Nos encantamos logo com um sorriso perfeito e lindos olhos, uma pele bonita e um corpo bacana, mas... quando o conteúdo não convence não adianta ser a mais gostosa ou o mais gato do mundo, pois quando a fome, a fome de amor bater, você vai sentir falta de quem te acompanhe, de alguém que seja teu cúmplice, que divida contigo aquele *hot dog* da barriquinha e, acredite em mim, esse cachorro-quente tem lá seus encantos! A expressão "Amor à Primeira Vista" é figurativa apenas, para soar poética, porque, na real, o que acontece é um tesão à primeira vista! Não te culpo... e por favor também não faça isso comigo... Quem nunca se deixou levar pelos encantos de uma bela mesa posta?! Afinal, somos humanos. Quando estamos em um bar, por exemplo, não sabemos se a pessoa é ativista do Greenpeace, se ajuda as crianças com câncer ou se doa parte do salário para um asilo... o que nos chama a atenção é o físico. Mas quando nos é permitida uma análise mais de perto, às vezes a amiga mais baixinha e menos encorpada é tão carismática, tão sem frescuras, que ela se torna mais atraente do que a loira altona, e aí, de repente, você descobre que ela tem lindas covinhas quando sorri... e... *voilà*: Nasce um amor! E onde foi parar o tal "tesão à primeira vista" pela loira bonitona?! Quem sabe foi parar ali, entre um prato e outro, na mesa da vida. A beleza põe a mesa, mas o prato principal é o caráter e a índole. Eu não sei quanto a você, mas prefiro comer camarão na marmita e vinho em copo de plástico e ser FELIZ, do que comer fígado mal passado e água em taça de cristal, se é que me entendem!

Outra crença pesada que muito vejo é: **"Não dou certo com ninguém porque sou muito ciumenta."**

Opa! Pera lá! Em primeiro lugar, admitir as falhas é o primeiro passo para corrigi-las, pois, a partir do momento que temos consciência dos nossos defeitos, eles passam então a serem ESCOLHAS, e escolhas são passíveis de mudança – você não pode se punir tanto a ponto de decretar que essa é a sua natureza imutável. Quem diz "Eu sou assim e pronto", se condiciona a uma vida limitada e triste. Você é ciumenta porque é insegura, e você é insegura porque não ACREDITA, não confia em si mesma, porque se julga indigna do amor. Se você se julga incapaz de conquistar verdadeiramente uma pessoa, não acredita que amor legítimo e desprovido de interesses ocultos exista; ou se julga incapaz de manter um relacionamento, precisaremos voltar aos tópicos anteriores: Esse ciclo só vai mudar quando **você** desenvolver AMOR PRÓPRIO, que, recapitulando, **É O ÚNICO AMOR QUE PODE PREENCHER SUAS LACUNAS EM BRANCO.**

A partir do momento que tiver a real noção de quem você é, de todas as suas qualidades, de quantas coisas boas você é capaz de oferecer, do ser humano bacana que é, você vai começar a diminuir o ciúme, pois vai compreender que a pessoa que está ao seu lado está PORQUE QUER, porque GOSTA da sua companhia, e as outras pessoas do mundo deixarão de ser uma ameaça iminente ao seu relacionamento. Quando compreender que ninguém é uma marionete à disposição do acaso, verá que, independente da sua ação e PREOCUPAÇÃO, as pessoas fazem sempre o que querem fazer, o que escolhem fazer. Portanto, se a sua namorada ou marido QUISER te trair, se o seu companheiro ESCOLHER a traição como caminho, ele fará isso de qualquer jeito, com seu ciúme doentio à espreita ou não. Quem quer, faz, de qualquer jeito. Assim sendo, pense mais em VOCÊ, tome consciência das suas virtudes, se EMPODERE e, assim, o medo de "perder" o outro será diminuído a níveis muito baixos e comuns. Acredito que até mesmo o ciúme tenha sua dose de importância numa relação, mas é preciso saber dosar. A gente sabe que ciúme demais é doença e, como não sou psiquiatra ou terapeuta, não me julgo capaz de compreender. Sei que nem de longe é fácil se curar de um ciúme excessivo e sei também o quanto é prejudicial às relações. Só penso que não devemos associar "ciúme doentio" a "amor excessivo". "Quem ama demais tem ciúme demais" – mentira! Quem ama demais, cuida, confia; não vampiriza. Cuidado não é perseguição, cárcere privado. O ciumento excessivo não está verdadeiramente preocupado com o parceiro e os perigos que este supostamente está correndo, está preocupado consigo mesmo, em não ser passado para trás, em não ser feito de bobo, em não perder algo que julga possuir exclusivamente. O ego não admite ser trocado ou enganado e, exatamente por ter certeza que a outra pessoa lhe pertence, se julga no total direito de cercear, intimidar e controlar cada passo dado; cada peça de roupa usada. Cada ligação recebida, cada sorriso ofertado e cada respiração mais longa. Uma coisa é não gostar que fiquem admirando muito o parceiro, é não tolerar essa falta de respeito que comumente acontece. Daí o diálogo e as concessões devem entrar em cena, mas, a partir do momento em que o autoritarismo impera e o outro não pode sequer expressar opinião ou vontade própria, já deixou de ser zelo há muito tempo e virou posse. E é somente quando desejamos possuir o outro a qualquer custo, que nos damos conta de que não possuímos nem a nós mesmos. Tentando controlar exasperadamente outro ser, porque não temos o mínimo controle sobre nós e nossas mentes, de forma consciente e inconsciente. E esse abismo interno profundo é absolutamente aterrorizante. Quando temos um medo irracional de perder o outro é porque reconhecemos, sem querer reconhecer, que somos nós, realmente, que estamos perdidos. Tão perdidos a ponto de não suportamos a nossa existência, sozinhos neste mundo.

O amor para ser bom tem que estar sadio. Ciúme em excesso é exatamente o contrário, é a falta de amor, um sentimento que já foi bom um dia, mas que adoeceu.

Certa vez, recebi um *e-mail* de uma leitora que havia visto uma palestra minha, onde ela elogiava minha trajetória e entusiasmo, mas em um tom um tanto melancólico. A mensagem era a seguinte: "Bruna, querida, quero dizer que teu entusiasmo de vida e ao falar do amor, muito me contagiou. Hoje, na minha idade (50 anos), é só o que me resta fazer, ouvir suas lindas palavras e me lembrar de como o amor era bom. Continue assim, alegrando corações que já não batem mais forte. Gratidão." Eu agradeci e puxei o assunto, lhe perguntei porque se referia ao amor no pretérito e ela respondeu que, na idade dela, são as lembranças que fazem o coração vibrar. Eu insisti: "Mas, me diga, onde está anotado a validade do amor? Porque eu não conheço... gostaria de saber. O amor só é permitido até meio século de vida? Preciso saber para começar a me precaver, já passei dos 30 anos, então me resta menos de 20 anos! Preciso amar MUITO e aproveitar!" E aí ela desabafou, nesta troca de *e-mails*. Disse que foi casada por alguns anos, que tinha 2 filhos, mas que nunca havia sentido esse amor dos livros, dos romances, dos escritores... Falou que a chance dela passou e que uma mulher da sua idade seria uma boba se perdesse tempo pensando nisso. Eu não pude deixar de dizer: "Mas você não ama seus filhos? Não foi feliz ao concebê-los e carregá-los em seu ventre? Ao amamentá-los e embalá-los nos braços? Você teve alguma época feliz ou de trégua com seu ex-marido? Você sabe que seus filhos te amam e que seu ex-marido, enquanto foram casados, ESCOLHEU viver ao seu lado e ter filhos contigo, não sabe?" Ela respondeu positivamente a todas as perguntas e eu prossegui: "Então, você sabe, melhor que muita gente que está no quinto casamento, o que é o AMOR genuíno.

Pois o amor maternal é o mais sublime de todos os amores existentes em todas as galáxias e mundos. Não há nenhuma forma de amor mais concentrada e forte do que essa. Como você me diz que desconhece o amor? Seu corpo sabe o que é o amor. Seus filhos foram feitos em momentos assim; seu corpo abrigou outro ser humano durante 9 meses e seu ex-marido foi o veículo que o Universo arranjou para levar seus filhos até você. O amor é parte do seu ser. Você é amada e fez por merecer esse amor. O amor não está "aqui fora". Amor não expira. Não tem prazo de validade. O coração não sabe a idade que tem, isso é coisa da cabeça, não deixe de ouvi-lo!"

E, para finalizar, eu lhe disse: "Nossos corpos têm memória própria. Eles têm autonomia, tanto que a maior parte das funções orgânicas de um ser humano é feita de forma involuntária. Seu corpo sabe o que é o amor, lembra de cada sentimento, lembra como é bom ser tocado, como é bom sentir desejo, tesão. Isso também é parte da natureza. É fisiológico e instintivo. Não negue isso a você mesma. A pior de todas as repressões que sofremos é a interior."

Bete (era o nome dela) não foi a única que me mandou esse tipo de mensagem, se condenando à solidão por causa da idade cronológica. Mas a idade está dentro da cabeça de cada um, muito mais no que nas rugas de expressão. Quantos anos você tem? Não pela data que você nasceu, mas quantos anos a sua cabeça tem? Sinto lhes dizer, meus caros, mas o amor é anacrônico! Se você estipular uma idade limite para recebê-lo, vai estar se negando a um tipo de amor muito, muito bom, um amor que não beira as raias de uma paixão, talvez, mas um amor que se desenrola no dia a dia e continua nas calmas manhãs das segundas-feiras, com cheiro de café fresco... AMOR não é somente para os jovens. É para todos que estão VIVOS!

Enquanto seu coração estiver batendo, não negue amor a ele!

Não podemos perpetuar nosso calvário e arremessar nossos corações a um frio e solitário calabouço por conta dos erros que cometemos no passado. Teus erros passados NÃO te definem. O que você decidiu fazer depois de ter cometido os erros, sim.

"Eu engravidei aos 15 anos", "Eu casei aos 17", "Eu fui amante do meu primo por 10 anos", "Eu fui casada 4 vezes". Nenhum desses casos impede o amor de existir. Nós vivemos várias vidas nesta vida. O passado de uma pessoa não é barreira para o amor não chegar. Você não tinha, naquela época, a mentalidade que tem hoje, então, por favor, não te cobre atitudes que você teria HOJE. Permita ao seu espírito evoluir, afinal, viemos a este plano com esta finalidade, da evolução, ninguém passa pela Terra sem aprender o que precisa. E quando não aceitamos e não encontramos esse aprendizado pelo amor... eis que vamos achá-lo no caminho inverso. Nada do seu passado tem poder para influenciar o seu futuro. Já foi. Esqueça, se puder, ou aceite se preciso, mas não use mais o passado como pretexto para não viver o presente. O "tempo certo" é todo o tempo, enquanto ainda estamos aqui, e isso é o Universo quem decide. Se liberte das suas crenças velhas e se dê um lindo recomeço.

Bem, seja qual for a sua crença limitante, não fuja dela. A escute atentamente e então DIALOGUE com ela. Mostre que ela está errada, lhe dê argumentos e exemplos sólidos. Somente desta forma você vai conseguir dissolvê-la. E lembre-se que você precisará preencher esse espaço com outra crença, tão forte quanto a que se foi. Por isso, preste atenção em qual crença nova irá oferecer. Não precisa fazer isso de imediato. Aliás, quero alertá-la de que não é um trabalho muito simples.

Se me permite uma luz para um bom início, comece se perguntando "QUEM SOU EU?", e descreva-se além do que todo mundo sabe, além do seu nome, nacionalidade, idade e profissão. Essa pergunta é direcionada para o seu EU, aquele seu EU verdadeiro, sua essência, que está caladinha lá no fundo do seu âmago, soterrada com tanto entulho das crenças limitantes.

QUEM SOU EU?

Somente quando me fiz esta pergunta é que consegui achar as minhas piores crenças, que, no meu caso, eram de ordem financeira.

Demorei um bom tempo para formular uma resposta certeira. Quem era eu, afinal?

Bem, eu sou a Bruna, escritora. Apaixonada pelas palavras; pela vida; pelos seres humanos; uma pessoa crente no AMOR, em contos de fadas e em bondade alheia. Alguém que veio a este mundo para ajudar a propagar o AMOR verdadeiro. Está é a minha missão nesta encarnação. É o meu propósito. E eu faço isso com os meus textos e livros.

E desde que respondi isso, que assumi para mim mesma minha condição, passei a me compreender e a me aceitar muito melhor, de forma que hoje em dia nutro um profundo respeito pela minha pessoa e pelo meu trabalho. Somente quando desenvolvi esse respeito por mim e pela profissão, que minha alma trouxe com ela, é que comecei a ser remunerada por isso. Afinal, escrever é um trabalho como outro qualquer. Tem gente que trabalha com força bruta, com raciocínio matemático, com cálculos de bisturi, com fornecer conhecimento aos outros, com oferecer segurança aos outros... eu trabalho com os meus neurônios – e pode ter certeza de que eles também se cansam, tal qual um trabalho físico. Por isso também precisam de folga, de férias, de metas, de prazos e, portanto, de remuneração. Desta forma, derrubei minha pior crença limitante e um outro mundo se abriu para mim. Para você ter noção do quanto uma crença limitante pode afetar vários aspectos da vida, se lembram que disse que meus três ex-relacionamentos tinham dois pontos em comum e que um desses pontos era o fato de serem pessoas economicamente instáveis e em início de carreira, sem boas condições financeiras? Você consegue fazer a associação? Mas de onde ela vem? Ora, eu cresci ouvindo meu pai dizer que para ser RICO neste país, só sendo ladrão! Meu pai era engenheiro químico, físico e matemático, e, embora tenha nos proporcionado uma vida muito confortável e estável, ele sempre trabalhou muito para isso e nunca fez grande fortuna. Agora, me responda uma coisa: quem é que quer se relacionar com um ladrão, com alguém desonesto? Meu cérebro fixou isso como certo e, como eu não queria nem ser desonesta nem ter um namorado bandido, pronto. Está aí o meu perrengue com dinheiro, assim como explicado o fato de eu ter sempre escolhido, mesmo que de forma inconsciente, homens que não tivessem uma situação econômica boa. Quando analiso um pouco mais a fundo, posso até dizer que eu corria um pouco de homens financeiramente estruturados.

Quando me divorciei (fui casada por quase 10 anos), saí do casamento com duas filhas pequenas, na época uma com 3 para 4 aninhos e outra com 7 para 8. Ouvi, muitas vezes, de várias pessoas, que eu estava maluca, que hoje em dia encontrar HOMEM era muito difícil e que com duas crianças a tiracolo, então, praticamente impossível. Que eu ficasse onde estava. Mas a ideia de viver a vida toda num relacionamento infeliz nunca me desceu, e lá fui eu.

Durante um tempo, nos primeiros meses, incorporei essa percepção à minha vida. Nem me dava o trabalho de paquerar alguém, pois tinha uma limitação intransponível: minhas filhas – que sempre foram minha prioridade absoluta nesta vida. Me conformei com a solidão e a solteirice e me achei uma pessoa muito desinteressante, como narro em meu primeiro livro. Me julguei incapaz de conquistar um parceiro, pois nem papo mais eu tinha. Não tenho peitos de silicone, não tenho uma barriga de gominhos nem pernas torneadas. Enfim...

Demorei um tempo para restaurar meu amor próprio e a FÉ no amor.

E então tive a experiência mais intensa e louca de toda a minha vida, que narrarei com detalhes a vocês mais à frente.

O que eu quero dizer, por hora, é que, INDEPENDENTE de quais sejam as supostas limitações que você criou para se manter afastada do amor, quaisquer que sejam suas desculpas e pretextos, tais limitações são INFUNDADAS.

Eu NÃO acredito nelas.

Para te dar mais um exemplo bem comum de como crenças limitantes nos afetam bem mais do que podemos calcular, vamos falar de peso corporal. Uma questão de sofrimento para muita gente e que afeta diretamente a autoestima e mina vários outros campos da vida.

O assunto sempre é motivo de discussão ou risadas com as minhas amigas. O mais comum que acontece é, quando vamos comer, pensarmos em quantas calorias têm a refeição e tentarmos controlar um pouco, principalmente entre as mulheres! E esse hábito gera uma espécie de bloqueio, você emite uma mensagem negativa para o cérebro, que passa então a associar o ato de comer com sofrimento, pois você fica tensa, com sensação de culpa e pensando "vou engordar!". O que acontece, como falamos há pouco, que o cérebro também pode ser exercitado. E que se a experiência for boa, a mente, de modo inconsciente, dá uma ordem para nosso organismo liberar endorfinas e serotonina; e, se a experiência for negativa, ela libera enzimas de estresse e adrenalina em excesso. Ou seja, quando você fica tensa, com medo de engordar, seu organismo libera enzimas negativas que prejudicam sua digestão, o bom funcionamento do intestino – onde a maior parte de serotonina é produzida em nosso corpo –, e isso prejudica muito a perda de peso. Além do fator indispensável, da força do pensamento: "Eu vou engordar!" – uma ordem ao cérebro, então, mesmo que você passe a comer exclusivamente saladas, vai continuar engordando. Pois condicionou sua mente, de forma inconsciente, a isso. Esse fato explica porque muita gente não consegue perder peso, apesar de dietas rigorosas, e volta a engordar mesmo depois de uma cirurgia de redução do estômago ou após uma lipoaspiração. Porque é preciso treinar A MENTE, minha gente! Não só os músculos.

É preciso SENTIR.

Eu nunca tive excesso de peso, sempre fui uma pessoa magra, daquelas "magras de ruim", que comem e não engordam, embora tenha períodos de acúmulo de gordurinhas, uma flacidez esporádica, mas nunca estive acima do peso. E desde muito pequenina me recordo de ouvir isso das pessoas: "Essa daí não engorda de ruim!" Quando mais velha, falava para as minhas amigas: "Coma sem culpa! Seja feliz! Calorias se perdem!" E sempre pensei, mesmo antes de estudar sobre o assunto: "Eu vou comer isso, mas vou fazer tanta coisa ao longo do dia, que vou gastar duas vezes mais calorias." E comer nunca foi um fardo, tenho muita alegria em comer, não só prazer, mas alegria e gratidão por poder comer todo tipo de alimento. Enquanto crescia, eu pensava: "Minha genética é ótima, eu realmente não engordo!" E, mesmo depois de duas gestações, recuperei rapidamente meu peso original. Mantenho esse pensamento até hoje, com mais de 30 anos. Não sei até que ponto é verdade, mas sei que continuo com o mesmo peso de sempre. Não fico martelando na cabeça: "A idade está chegando, vai cair tudo e e irei ficar flácida." NUNCA! Tento sempre ser positiva com relação a isso. Nunca me concentrei nas calorias de uma sobremesa deliciosa e, sim, em como aquela sobremesa faria meu corpo feliz! Durante minhas atividades físicas e na época em que fazia academia regularmente, ao contrário das minhas amigas, eu pensava: "Como é fácil perder peso!" Porque, de fato, acreditava nisso. Enquanto elas pensavam: "Como é sofrido perder peso, eu não gosto de academia, isto é uma tortura para mim." Você pode contratar o melhor *personal trainer* do mercado – se a mudança não for de dentro para fora, a mudança de fora para dentro não durará muito tempo. Você tem que incorporar a ideia e desenvolver real PRAZER ao seu novo estilo de vida. Você tem que reprogramar o seu cérebro e ACREDITAR (como sempre!) que você pode, que é um processo fácil e que a época de ganhar peso ficou para trás, porque agora você sabe como funciona o seu mecanismo da mente inconsciente!

Quando você começar a mudar, passará a se SENTIR mais leve, mais magra e, aí, não restará outra opção a não ser o seu corpo e o Universo se adaptarem à sua nova realidade.

É assim que funciona, por isso que tanta gente fala por aí que o mundo começa a existir primeiro dentro de nós, e que o que vemos é apenas a exteriorização.

Essa é uma coisa na qual acredito e me baseio. Você já ouviu falar do episódio do Observador, relatado na Física Quântica?

Existe uma experiência que indica um papel fundamental na relação física de elétrons (que são partículas que constituem os átomos, junto com os prótons e os nêutrons) com o chamado "Observador". Esta experiência mostrou que um elétron se comporta como onda (energia) quando não está sendo observado/medido, e se comporta como partícula (matéria) quando é observado. Quando não há interferência de um observador, ou seja, quando não tem ninguém olhando, ele segue o padrão irregular, de onda, e quando há a observação, ele segue o padrão especificado, como matéria. Ou seja, o observador altera a forma do elétron, que, por sua vez, tem a capacidade de ser energia ou matéria. Tudo, absolutamente tudo no Universo, incluindo a Terra e nós, somos compostos de átomos, assim sendo, tudo é energia, é onda, e passível de mutação de acordo com o observador – que é você, eu, todos nós. Nós somos os observadores das nossas vidas e temos o poder de interferir e de mudar essas ondas energéticas. A partir do momento que temos a consciência disso, do nosso poder de transformar energia em partícula, ou seja: Energia em MATÉRIA. Isto vai depender do que você decida observar. Onde você colocar mais FOCO, será a área onde a observação vai agir. Se você sente dores crônicas, por exemplo, e eu te pergunto: "O que você mais quer? Foque nisso!" E você focar na dor (em vez de na cura), em como ela é forte, a dor permanecerá ali. Precisamos abrir mão das negativas. E, nesse caso, focar na SAÚDE e se visualizar com saúde e focar no BEM-ESTAR!

VOCÊ PODE passar no vestibular. NÃO é difícil. As pessoas dizem que passar em primeiro lugar em medicina na USP é *praticamente* impossível, mas SEU cérebro não conhece essa palavra, "impossível". Pode ser difícil para elas, mas não mais para você, que agora está ganhando inteligência emocional e treinando a sua mente de forma consciente e inconsciente. Não é possível prevermos nossos insucessos e êxitos baseando-nos nas fórmulas e experiências de outrem.

Vou dar-lhes uma grande dica, que uso muito e pratico diariamente, um bom exercício tanto para a ansiedade quanto para a felicidade.

Pegue o seu celular e grave a si mesma falando. Fale com a sua mente inconsciente.

Eu, por exemplo, falo repetidamente "Eu sou uma pessoa de sucesso. Eu tenho uma mente brilhante." Depois, eu continuo: "Eu tenho uma mente aberta. Eu tenho uma mente aberta." E sigo com "Obrigada pelo dia de hoje, os problemas de hoje já passaram, eu os enfrentei, os problemas de amanhã não chegaram, portanto, não existem. Os problemas de amanhã não existem." E coloco no fone de ouvido e me deito para escutar. Vou gravando mais áudios de acordo com as necessidades que vão surgindo. Na primeira palestra que fui dar, estava muito nervosa, embora tivesse noção de que tudo que eu precisava falar estava dentro da minha cabeça. Eu tinha um medo horrível de não conseguir acessar as informações no tempo hábil, quer dizer, tinha medo de que minha mente consciente entrasse em colapso, por medo, e a mente inconsciente assumisse o controle. Alguma vez isso já aconteceu a você? De ter uma entrevista ou uma conversa importante e, quando acabou, você mal lembrar das respostas que deu? O medo e o nervosismo te fizeram falar tanto (ou calar-se por completo) que você só falou bobagens ou deixou passar ótimas oportunidades de expor sua opinião – e, desse jeito, sentiu nitidamente que perdeu uma grande chance e não usou todo seu potencial. "Eu poderia ter feito melhor..." "Por que eu disse aquilo?" E saiu com a autoimagem de bobo e descontrolado. Essa era a minha crença, eu jurava que só falaria bobagens e deixaria de dizer o essencial. Por isso, gravei um áudio dizendo que tinha total controle sobre mim, que eu estava no comando. E incluí alguns pontos cruciais que não poderiam ficar de fora na palestra. Ouvi várias e várias vezes e, antes de subir ao palco para falar, me recordei de cada palavra dita por mim para mim mesma. Me serviu como gatilho para não esquecer nada durante a apresentação.

Além disso, tenho alguns áudios baixados de meditação guiada que me ajudam a relaxar e a abrir a mente, pois meu trabalho é esse: Preciso ter uma mente aberta para incorporar novos conceitos, novas crenças, e me permito mudar de ideia quantas vezes for necessário, pois realmente "prefiro ser essa metamorfose ambulante, do que ter aquela velha opinião formada sobre tudo". Ninguém melhor que você, que a sua própria voz, para falar com sua mente inconsciente. Fale explicitamente a mensagem que você quer passar para sua mente inconsciente e escute diariamente no fone de ouvido. E, lembre-se: VOCÊ MERECE UM AMOR BOM! Você merece e pode ter tudo de melhor na sua vida!

Reconhecendo-se

Pois bem, agora que iniciamos nossa viagem para dentro de nós, que paramos para fazer a retrospectiva e refletir sobre nossas possíveis crenças tiranas, é hora de irmos um pouquinho mais a fundo. É hora de nos RECONHECERMOS.

E quando eu digo "reconhecer" é se reconhecer perante o espelho, perante si mesma, se conhecer de novo. Sem medo do passado, de supostos julgamentos alheios, e, o principal: Sem medo de si. O ser humano vive em mudança constante, sempre digo que a única coisa imutável nesta vida é a mudança. Querendo ou não estamos expostos às mudanças inevitáveis do tempo, das nossas escolhas, do nosso organismo... Tudo está mudando a todo momento. Não é justo que você se exija tanto e seja tão dura consigo a ponto de não se permitir mudar.

Acredito plenamente que a essência de cada um de nós é imutável, mas que todo mundo pode se fornecer autoconhecimento suficiente para, ao menos, dosar de forma vantajosa essas características imutáveis que não nos são favoráveis o tempo inteiro. Não é viver se podando e se odiando porque não consegue mudar as coisas que tanto queria em você, mas é viver sabendo conviver melhor com isso.

No seu último relacionamento amoroso você era uma pessoa, provavelmente diferente da pessoa que lê este livro neste exato momento.

No dia que você conheceu seu parceiro atual, você era outra pessoa. E, possivelmente, você mudou algumas prioridades, remanejou alguns planos, adaptou alguns sonhos, para poder caber e se dedicar a esta relação. Todos nós tínhamos outros planos antes de nos casarmos e constituirmos família, ou antes mesmos de iniciarmos um romance. E fomos nos moldando e traçando nossas vidas, de forma que a pessoa amada fosse encaixada nesse contexto. Acredito ser exatamente isso o correto nos relacionamentos. Fazer concessões e ter flexibilidade para se estar junto de quem se ama é o natural. Mas desde que essas concessões não incluam abrir mão de projetos e situações fundamentais na vida. Pois, senão, uma coisa não compensará a outra e a balança vai desequilibrar. **Ninguém pode ser feliz ao lado de outra pessoa quando não se é feliz consigo mesmo.** Esta é uma regra vital.

Vou dar-lhes meu exemplo pessoal. Eu havia acabado de voltar para a cidadezinha onde meus pais moravam, quando conheci meu ex-marido. Eu tinha muita saudade de casa, dos meus pais, dos meus amigos, enfim, do lugar onde tinha passado a maior parte da vida. Tempos depois, quando nossa primeira filha já havia nascido, ele decidiu voltar para São Paulo (sua cidade natal) e eu sabia que, para mim, seria muito difícil. Mas eu precisei fazer uma escolha e escolhi a família que havia formado. Lá fui eu, para a maior capital do país, sem praia, sem amigos nem emprego... Nosso casamento deu certo o tempo que tinha que dar, mas nem todos os anos foram felizes e hoje reconheço minha parcela de culpa, pois eu não era feliz com a decisão que havia tomado... como poderia ser – e fazer outro alguém – feliz?

Quando nos separamos, minha primeira reação foi voltar para casa. Estava exausta, precisava de trégua, de conforto, de colo. De algo que me desse aquela velha e perdida sensação de "casa"; aconchego. Cheiros conhecidos, gente conhecida. Mas não me atentei ao fato de que era tudo conhecido, menos... EU mesma! Eu era uma estranha para mim, naquele momento.

Então, por mais que estivesse finalmente de volta para casa, já não me sentia mais tão em casa, pois havia adquirido um ritmo diferente de vida em São Paulo, no decorrer dos meus anos lá. Estava habituada, ambientada, a um movimento distinto. Pois é... parece que o sonho de morar em uma casinha na beira da praia e criar as crianças descalças correndo na areia tinha envelhecido. Os sonhos também envelhecem. E nós precisamos estar atentos ao *timing* das coisas. Para não sacrificarmos relações atuais, tudo o que construímos a duras penas, por sonhos expirados, sonhos que já tiveram seu tempo e, por algum motivo, não pudemos vivenciar.

Como narro no meu primeiro livro, a separação é um *tsunami* de proporções enormes, fica absolutamente tudo fora de lugar. Eu não sei mesmo dizer quando é a hora certa para se separar; qual é o *timing* para um rompimento. Mas, no meu caso, foi quando o meu amor e compaixão para comigo mesma começou a falar mais forte do que os sonhos e planos que estavam convalescendo a tanto tempo na UTI.

Quando voltei a me importar comigo e percebi que já não sorria há muito tempo, que havia emagrecido mais do que o necessário, parecendo ter envelhecido 20 anos em 5, decidi que qualquer coisa seria melhor do que a situação atual. A solidão me pareceu amigável e receptiva em vista de toda a frustração que fazia questão de me acompanhar dia e noite. A frustração por não conseguir ser aquilo que meu parceiro queria e por não receber dele o que eu achava justo. Comecei a repetir várias vezes por dia "Eu mereço mais, eu mereço mais que isto", e voltei a me encarar no espelho, prática do qual eu fugia ultimamente. Me analisava no espelho durante alguns sérios minutos e tinha pena de mim. Uma profunda autopiedade me inundava e eu vivia como um zumbi apático. Fazia tudo no automático e com um medo terrível de sentir... medo. Eu tinha medo de ir embora, eu tinha medo das minhas filhas sofrerem, eu tinha medo de passar o resto dos meus dias sozinha. E só consegui me reerguer e tomar as atitudes necessárias, quando substitui a autopiedade amarga, pelo respeito. Então, nas minhas seções diárias de autoanálise em frente ao espelho, eu não mais dizia "tenho dó de você Bruna", eu verdadeiramente me dizia "Eu te amo Bruna. Tenho um profundo respeito por mim".

A culpa pelo fim do casamento ainda me consumia. Eu me sentia culpada por ter perdido tantos anos de juventude em um relacionamento que nem de longe era o meu ideal. Eu me sentia culpada por tê-lo amado tanto, muito mais que julgava que ele merecia. Eu me culpava feito uma bandida, por ter tentando tanto, por ter ido embora, por ter acreditado em tantas promessas... e por "Não ter conseguido fazer dar certo".

O que eu não enxergava naquele momento, era, talvez, a única parcela de culpa real que me cabia: EU TINHA IDO PORQUE QUIS.

Esta era a minha culpa legítima. Todas as outras foram adotadas por mim em momentos de fraqueza.

Eu estava ali porque tinha feito absolutamente TUDO que quis. Porque segui meu coração. Eu fui para São Paulo porque quis, eu tive nossa segunda filha porque quis e eu havia "gasto" tantos anos da minha vida porque quis. Porque acreditava, com todas as minhas forças, que continuar naquela relação, mesmo que ruim, ainda era melhor do que viver sem ele, sem os tantos sonhos que havia tão cuidadosa e amorosamente traçado para nós. Não é fácil enterrar um sonho. Mas alguns precisam mesmo ir. E nós precisamos mesmo de um período de luto, onde parece que nossa alma virou um terreno muito árido e que nada mais vai crescer. Mas, então... mudamos a estação da alma, o inverno se vai, e vem a primavera, onde novos sonhos florescem. A alma também tem suas estações, assim como a Terra. Nem sempre é Sol aqui dentro. Mas já não me culpo pelos meus dias de chuva. Hoje eu me permito chover pois sei que a chuva leva embora tudo de ruim e ajuda a alma a florescer. Nem sempre há flores... Mas também não me culpo mais pelo outono de minh'alma, pois hoje sei que flores também morrem para que outras possam florescer... Este é o ciclo da vida. Assim como as árvores que trocam a folhagem, nosso interior também precisa renovar os sonhos vez ou outra – não tema as estações da vida! Nem sempre é quente. Certas vezes é um lugar bem frio e deserto, mas não se culpe pelos seus invernos pessoais, saiba que, de certa forma, eles promovem paz, permitindo que renasçamos muito em breve. Nem sempre é calmo e pacífico. Às vezes, o mar se revolta e os pensamentos se agitam, mas não temamos mais as ondas grandes, saibamos que maré parada não leva ninguém a lugar algum. Hoje mergulho de cabeça no meu turbilhão de emoções, apenas seguindo a correnteza, pois sei que todo oceano uma hora encontra calmaria. Nem sempre há estrelas à vista em nossas almas. Vira e mexe me pego sozinha em longas noites escuras, mas não as temo mais nem luto mais com elas, pois hoje sei que as estrelas continuarão a brilhar de qualquer forma, mesmo que não as possamos ver. Nem sempre é cinza, também. A primavera dos sentimentos chega. Tudo se torna colorido, bonito de se ver, e os dias mais fáceis de viver. Mas... nem sempre pode ser primavera. E tudo bem, pois logo é verão outra vez, hora de recomeçar. Digamos que eu esteja aprendendo que os dias nublados não são tão ruins quando trazemos o Sol dentro de nós.

Agora eu era outra Bruna, não mais aquela menina de 19 anos que acreditava em contos de fadas, no "felizes para sempre" e na sorte no amor. Eu não queria saber de sorte no amor, só queria que meu casamento tivesse dado certo. Existiria azar maior que esse?

Sim. Tem um azar muito maior do que o de sofrer uma desilusão amorosa, o azar de nunca ter amado alguém. Mas eu ainda demoraria mais um pouco para me dar conta disso.

Me tornei alguém tão descrente de mim, que nem queria mais saber do amor. Só queria que meu coração cicatrizasse logo, e que talvez fosse melhor mantê-lo longe dos homens daqui por diante.

E chegamos ao ponto que conversamos capítulos atrás: Agora, separada, com duas filhas pequenas, de volta à minha casa depois de tanto tempo, com meu pai já falecido e minha mãe me esperando com a mesma boa vontade de sempre, alguns amigos por perto, o mar logo ali mais à frente. E eu tentando colar meus cacos para me recompor. Foi a primeira vez que senti a real necessidade de estar só. Eu precisava me reconectar com minha essência. Eu sabia que algo não ia bem, que estava triste por demais, cansada por demais e que já fazia muito tempo que não me ouvia. Que não atendia aos apelos da minha alma rouca. Meu EU verdadeiro estava soterrado por um lixo tóxico das convenções sociais e das mil vozes que me diziam que eu era louca por estar me separando, que casamento era "isso mesmo" e que eu deveria ir levando. Mas ir levando... para onde?

Não era mais amor o que eu sentia. Foi a primeira conclusão que cheguei quando deixei de ver meu ex-marido. O amor havia se dissipado... fora lentamente assassinado ao longo dos anos. Morrera de inanição, pois deixara de ser alimentado. E se não era amor, o que seria? Se não era AMOR, por que ficar?

Era um *mix* de emoções: comodidade, conformismo, insegurança, nostalgia. Nostalgia por tudo que vivemos. Tristeza por ter que deixar esse sonho e uma vida toda para trás. Eu não o amava mais, mas amava a ideia do modelo de família que tínhamos. Tudo que havíamos construído. Eu amava todos os lindos planos que teci ao longo do tempo. E essa era a parte mais difícil de enterrar. Mas comecei o processo de luto, pois o amor que nutria por mim mesma ainda existia e me deu forças e, posteriormente, a segurança necessária para saber que mesmo doloroso, havia sido a melhor decisão. Era hora de focar em mim a partir de então.

O tempo foi passando e, a esta altura, havia parado de adotar as culpas todas e comecei a jogá-las todas em cima dele. Dizia para minhas amigas que havia sido uma tola por perder tanto tempo, mas que eu só fiz isso porque ACREDITAVA nele. Tentei me eximir do fracasso e, desta forma, fui me amargurando por alguns meses. Convicta de que ele tinha razão quando falava que homem nenhum iria querer se relacionar com uma mulher com dois filhos pequenos.

Eu me julgava, agora, uma mulher ressentida, sem grandes atrativos para conquistar alguém, sem um papo bom, pois minha vida girava em torno da Galinha Pintadinha e dos métodos de organização de Marie Kondo e pedagógicos de Maria Montessori – métodos que nunca consegui colocar em prática –, e com o coração medroso. Medroso de pensar em nunca mais amar de novo e mais medroso ainda só de pensar em me apaixonar por alguém de novo!

Por isso, acho de suma importância te fazer esta pergunta: QUEM É VOCÊ NESTE MOMENTO?

Você pode estar arrastando um relacionamento infeliz ou ter acabado de terminá-lo. Seja qual for a alternativa, você pode estar sofrendo. Você pode ser uma pessoa que se julga "azarenta" justamente por não ter um relacionamento. Mas você precisa se "re-conhecer". Saber quais são suas crenças atuais, seus medos e suas motivações. E saber quem você quer ser _daqui para frente._

A gente sempre faz uma ideia do que esperar de um relacionamento, e prontamente falamos: "Ah, mas eu sei que relação perfeita não existe". Quem foi que disse que não existe?

Depende da sua definição de "Perfeito".

Um casamento pode ter muito conforto, dinheiro, viagens e tudo mais, e pode ser pobre de afeto, de amizade, de parceria. Ou pode até ter tudo isso e não ter uma boa química, por exemplo, ou mesmo entrosamento de ideias e ideais.

A definição de "perfeito" como sinônimo de "livre de problemas", soa um tanto equivocada, a meu ver. Porque todos os seres humanos têm algum tipo de problema.

E esperar que outro ser os resolva e seja a Fada Madrinha da vida, que chegue e resolva tudo e IMPEÇA outros problemas de chegarem, é garantia de frustração. Um relacionamento não é para isso!

A ideia de se relacionar com um outro ser pensando no próprio benefício, não pode ser chamada de AMOR. Amor é aquele sentimento muitas vezes inexplicável, que nos invade o coração e nos faz querer ficar com o ser amado.

Ama-se, verdadeiramente, pelo que o outro é, e não somente pelo que ele faz por **nós**.

Não é "como eu me sinto quando estou com ele", é "como eu me sinto quando estou SEM ele".

Percebe a diferença? É mais sobre o que a falta do outro nos causa, do que a sua presença constante, propriamente dita. Problemas e defeitos todos nós temos, mas precisamos pesar na balança da vida se são esses defeitos ou se é a falta que o outro nos faz, que pesa mais.

AMAR é querer estar junto, APESAR dos defeitos... todo o resto não passa de um mero "gostar".

Por isso, hoje, decidi modificar um pouco a pergunta tradicional. De "O que você quer de um relacionamento?" para "O que você NÃO quer de um relacionamento".

Pois acho que mudando a pergunta conseguimos mudar o ângulo de visão sobre a questão e, quem sabe assim, enxergarmos o lado menos romântico e utópico e pensarmos um pouco pelo lado prático.

Quando sabemos o que NÃO queremos fica mais difícil deixar-se levar pelas situações. Já não nos conformamos com inúmeros pedidos de desculpas sequenciais... deixamos de acreditar que as pessoas podem ser mudadas só pelo "amor". E não nos enganamos fácil. Não nos contentamos com qualquer migalha de afeto. Pois o lado do "EU NÃO QUERO" pesa mais na balança. Se você não sabe o que não quer, acaba se deixando levar e se manipular facilmente.

Saber o que NÃO quer é se empoderar. É ter convicção e, desta forma, poupar perda de tempo excessivo.

E vai muito além da superfície. As pessoas prontamente respondem: "Eu não quero alguém mentiroso". Mas eu peço que pensem mais a fundo...

"Eu não quero alguém ambicioso". Mas, por que não? Ambição nem sempre é ruim... Você não quer uma pessoa ambiciosa ou você não quer uma pessoa INTERESSEIRA? Temos que ser bem específicos ao pedirmos ao Universo! **E quando não temos plena convicção e CLAREZA do que NÃO queremos, acabamos nos conformando com o que aparece.** Acabamos aceitando por partes. Fracionando os desejos.

Eu posso não saber qual caminho seguir para progredir na vida e chegar ao meu objetivo, mas eu sei qual caminho eu NÃO quero pegar. E isso já me alivia em 50%! Eu não sei o tipo de pessoa que quero ter ao meu lado – pode ser alto, baixo, estrangeiro, carioca, médico ou *bartender* – mas sei EXATAMENTE o tipo de pessoa que NÃO QUERO, em hipótese alguma, ter ao meu lado. E essa certeza evita sofrimentos, e perda de tempo e energia.

Saiba para onde você NÃO quer ir. O que você NÃO aceita fazer de jeito nenhum nesta vida. Saiba que tipo de parceiro você NÃO quer consigo.

"Ah, eu quero alguém que goste de sushi, rock e que goste de ficar em casa vendo um filme, pedir *delivery*..." Ou seja, você NÃO quer uma pessoa dispersa, que não queira nada sério. Porque gostar de sushi e rock é relativo. Você pode trocar o sushi e o filme de terror por uma pizza e uma comédia, por exemplo, e isso não afetará a relação a tal ponto que o faça terminar tudo. Mas você não quer lidar com alguém que ame sushi e rock e viva na rua, que tenha você e mais 4 casos por aí... Sushi e rock são referências. Comprometimento, envolvimento e relacionamento sério são fundamentais e, portanto, **indispensáveis**.

Eu posso ter alguém que já tenha sido casado antes, que tenha filhos, que tenha uma rotina atribulada, que fale 10 idiomas ou apenas um, que tenha 29 ou 49 anos... é indiferente para mim. Mas NÃO quero, de jeito nenhum, um relacionamento à distância, por exemplo.

Porque, para mim, seria uma questão que inviabilizaria meu relacionamento. Compreende?

Defina seus objetivos. Abra seu coração para o novo, para as infinitas possibilidades que se apresentam todos os dias. Não seja demasiadamente rígida e exigente. Mas mantenha, SIM, até por uma questão de autopreservação, seus PRINCÍPIOS intactos, e seus desejos preservados. Mantenha suas convicções a salvo. Respeite-se. Conheça seus limites e não os ultrapasse.

Essa história de "quem ama supera tudo" é verdade desde que o "tudo" não seja TUDO o que VOCÊ É. Desde que seja um "tudo" em comum e de ambas as partes. Os dois lados têm de ceder. Eu acredito que o amor cure, regenere e supere muita coisa. Mas não há como superar, jamais, a falta de si mesmo. Seja maleável, mas mantenha seus "Nãos" a postos. Um "NÃO" bem dado é vital, certas vezes.

Bem, eu **não** queria (e continuo não querendo!) ser uma mulher amargurada, cheia de dor de cotovelo e odiando o amor. O amor havia me feito feliz enquanto existia no meu relacionamento. Quem demorou tanto tempo para ir embora depois que o amor já havia deixado a casa fui eu. Portanto, não me sentia no direito de culpá-lo. Minhas filhas são resultado de um amor imenso que existiu naqueles anos ali. Seria injusto eu tentar transformá-lo em ódio agora. Era melhor, então, aceitar seu fim e parar de me lamentar porque ele acabou. E, quem sabe, tentar agradecer por tudo ter existido um dia.

Desta forma, aos poucos, num processo muito pessoal e silencioso, fui perdoando meu ex-marido e a mim mesma pela nossa história, e me sentia nitidamente renascendo e rejuvenescendo dia após dia, como havia feito comigo tempos atrás. Comecei a mudar o mantra quando lembrava de nós dois, e repetia: "Eu não tenho mais ódio. Tenho um profundo respeito pela nossa história". Comecei a reconstituir tudo, desde o primeiro dia que nos vimos, e pude me dar conta de que foi tudo válido. Mesmo as inúmeras tentativas e brigas. Insistir no erro nem sempre é burrice, às vezes é esperança. E eu permaneci, enquanto minhas esperanças mandaram. Me dei conta também que nunca estive 100% bem comigo mesma morando em São Paulo naquela época e que, por este motivo, não tinha como estar 100% bem com ninguém neste mundo. Não tem jeito. Eu abri mão de muitas coisas por aquele amor e essas coisas me fizeram muita falta no fim das contas – tal desfecho era inevitável. Aprendi que não vale a pena a gente se doar integralmente a ninguém sem guardar um pouquinho de nós para nós mesmos, visto que esse lance de "amar por dois" é furada.

Eu sei que quando somos muito machucadas – e, acredite, este também foi meu caso –, sei que dói e o quanto dói, e como pode parecer difícil a gente perdoar o ex-parceiro. Mas eu ainda acredito ser mais difícil ainda o perdão próprio. Neste processo de reconhecimento você precisa eliminar as culpas extras, dar a quem de fato as merece, e assumir as suas culpas legítimas. Seja pelo fim de uma relação ou pela inexistência dessa relação. Em ambos os casos, reconhecer as culpas e os defeitos é um passo importante para o autoconhecimento e, desta forma, para uma melhor gestão desses sentimentos e reações.

É muito importante que você se livre de culpas caducas e abusivas. Da mesma forma que ninguém se casa sozinho, um relacionamento também não termina unilateralmente, ok?

Eu consegui meu perdão perante o implacável júri do tribunal da minha consciência sob o único álibi que me restava: FOI TUDO POR AMOR. Não levei sequer advogado... era ré confessa. Amei demais, mesmo! Me doei demais, mesmo! Quebrei a cara, mesmo, mas foi tudo por amor! E a experiência se transformou em bagagem de vida. Desta forma me absolvi, e só então dei início ao meu processo de verdadeiro renascimento.

Processe todo o sofrimento, essa é a hora de transformá-lo em aprendizado.

A escola da vida é a mais difícil de todas; não temos como "colar", como estudar para o que virá a seguir e não ganhamos honra ao mérito ou diploma algum no final, mas, ao contrário de um quadrinho pendurado na parede, o que deixamos para as pessoas são lições importantíssimas e, portanto, mais valiosas que qualquer herança. E acredito que se você quer passar de ano nessa escola, quer passar de fase (como no videogame), não pode faltar às aulas das crises, pois elas são ótimas professoras (embora um tanto temidas).

Nosso instinto natural de sobrevivência faz com que a gente queira sair de uma crise o mais rápido possível, não importando muito quais meios usarmos para isso, desde que a gente deixe a crise para trás. A questão é que, muitas vezes, nós nos colocamos em situações que a longo prazo serão até piores do que a própria crise em si, e fazemos isso por medo. Não é raro vermos pessoas que relutam o máximo que podem, de todos os jeitos possíveis, para se manterem nos seus relacionamentos já desgastados e acabados, por medo de terem medo... ou pessoas que saem de um relacionamento direto para outro, como eu mesma já fiz, achando que desta forma não se sofre ou como se isso fosse a cura para todos os males do coração. Mas quando paramos para ponderar, temos pavor até de pronunciar a palavra CRISE, como se fosse algo vergonhoso, pouco digno ou raro, mas a verdade é que todos nós, sem exceção, em algum momento de nossas vidas, passaremos por uma crise. É igual cabelo branco: se você ainda não tem, não se preocupe que um dia terá! Mas isto não precisa – necessariamente – soar apavorante para você.

Não importa a natureza da crise – se é financeira, amorosa, familiar ou quaisquer outras categorias –, uma crise é sempre um período conflitante onde somos obrigados a fazer a pesagem da vida na balança, coisa que talvez não fizéssemos nunca no cotidiano. Então achamos o primeiro ponto positivo da crise: A pesagem! Não podemos ficar paralisados de medo e querermos varrer nossos problemas para debaixo do tapete; temos que ser sinceros com nós mesmos e pesarmos tudo. O que tiver excesso de peso e não for fundamental, precisamos jogar fora.

Por exemplo: saudade ou rancor de um amor do passado; medo de uma recaída de uma doença que tivemos; ou experiências negativas no emprego anterior. Podemos ver que muito lixo emocional vem do passado, certo? Mas o maior vilão de uma crise é o futuro. E temos que jogar esse excesso de "pré-ocupação" fora, também, porque o que ainda nem chegou não compete exclusivamente a nós! Só temos acesso e podemos modificar o HOJE. Então, se me permite um conselho, comecemos a focar no hoje, a partir de agora.

E se te parece que nada pode ser feito para sair da crise, eu te digo: sempre podemos, ao menos, decidir o nosso modo de enxergar as coisas, como numa mesa de sinuca onde a bola branca parece isolada e dificílima. Porém, se mudarmos nosso ângulo de visão e formos para o outro lado da mesa, por exemplo, a bola branca pode estar perfeita para encaçapar outra. Então esse é o nosso segundo ponto positivo: Aprender a mudar o nosso ângulo de visão dentro do olho do furacão, digo, da crise. E, principalmente, nossa visão sobre nós mesmos.

E, justamente por isso, por estarmos no meio do tornado, às vezes não conseguimos enxergar muita coisa à nossa frente; não conseguimos ouvir as pessoas direito e parece que o mundo ao nosso redor simplesmente não existe mais. A gente para, então, e pensa: "Poxa, como a vida era boa"; e aí está nosso terceiro ponto positivo: Aprender a valorizar as coisas. Qualquer coisa, pois, às vezes, precisamos perder "tudo" para percebermos que o "nada" é importante, para valorizarmos devidamente as coisas que já possuímos e para aprender que podemos, SIM, viver sem muitas coisas e pessoas (porque não?), que até então julgávamos indispensáveis!

E quando você descobrir isso, vai descobrir muito mais coisas em você que nem sabia que era capaz de ter! Você não sabia que podia ser tão forte... você não sabia que podia ir tão longe nem que podia superar esse momento tão difícil, mas a crise é uma boa hora para exercitarmos todas as outras lições que aprendemos na escola da vida. A primeira é a equação da resiliência, só a descobrimos em momentos difíceis: FÉ + PACIÊNCIA = RESILIÊNCIA.

A segunda lição é sabermos quem são, verdadeiramente, os nossos amigos, quem torce por nós. Quando me separei não tive metade do apoio que achei que fosse ter; pouquíssimas pessoas me ligavam chamando para um café ou simplesmente para perguntar como eu estava. Em contrapartida, tive um ombro amigo onde nem imaginaria que pudesse encontrar...

É na crise que se descobre isso. E não fique chocada ao descobrir que Fulano não é tão seu amigo quanto você pensava; anote no seu caderninho mental para não esquecer nunca mais e, daqui para frente, trate-o exatamente da mesma forma como ele te trata. Aliás, quando descobrimos o poder da reciprocidade, um novo mundo se abre à nossa volta!

E acho que a terceira lição que botamos em prática nessas fases muito cansativas é a da gratidão: Sim! Podemos e devemos agradecer num momento de crise. Agradecer por tudo que passamos até aqui, por todas as vezes que fomos ajudados pelo poder do Altíssimo e agradecer principalmente daqui por diante, por esta oportunidade de crescimento pessoal e que, quem sabe, não vai nos tirar de uma situação muito pior? Lembre-se que Deus escreve certo pelas famosas linhas tortas!

Um dia, lá na frente, você pode agradecer por algo que na hora julgou ser uma desventura. (Como eu fiz com aquele namoradinho aos 16 anos!) Agradeça até pelas pessoas erradas que cruzaram seu caminho, pois te ensinaram o que não fazer e como não se deve agir neste mundo.

E, por fim, o terceiro ponto positivo de uma crise é que ela te dará a oportunidade de autoanálise como nenhuma outra situação da vida te dará. Saímos muito mais fortes, conscientes e humanos do que quando entramos. Na crise você descobre se acredita mesmo em Deus e até onde vai a sua fé; descobre se está mesmo no lugar certo, se o que achava impossível não era só questão de tentativa. Descobrimos que sempre é possível mudar e que nem tudo depende de nós o tempo inteiro – e isso dá um baita de um alívio! Aprendemos a dar valor para quem esteve ao nosso lado. E acredito que, a esta altura, já teremos uma mochila cheia de **HUMILDADE** para carregarmos sempre conosco.

Crises são inerentes aos humanos, só as têm quem VIVE! Fique tranquilo!

O que você precisa se ater neste momento é que as crises são fases, elas não duram para sempre. Por isso, respire, puxe o ar, preencha os pulmões. Vai passar.

Quero te propor um pequeno exercício, que muito me ajuda no processo de autoanálise.

Pegue um caderno e faça uma lista, pulando sempre uma linha, de todas as possíveis razões pelas quais você acha que seus relacionamentos não dão tão certo quanto você gostaria. Depois que você enumerar essas razões, vai escrever nas linhas que pulou anteriormente uma qualidade sua, algo que muito admire em você mesma.

Não me diga que não consegue achar qualidades. Só prossiga na leitura depois que escrever um elogio para cada razão.

Se você responder "Não sei" no lugar das razões pelas quais não se tem o relacionamento desejado, sugiro que inverta um pouco o exercício e escreva, nesse caso, defeitos pessoais que acha que possui, e siga na ordem de posteriormente escrever uma qualidade para cada defeito citado.

Será que você não faz uso desmedido de alguma dessas características que podem, talvez, afastar as pessoas de você?

Será que você não tem sido sincero o bastante consigo ou é negligente na maior parte do tempo? Nós não podemos ser negligentes com nossos desejos, precisamos dar ouvido a eles, compreender quais as reais necessidades de nossas almas. E, daí, faça mais umas perguntinhas antes de terminarmos este capítulo: QUEM É VOCÊ HOJE?

VOCÊ QUER UM AMOR OU UMA COMPANHIA?

Você quer uma alma gêmea para dividir a vida ou outro ator para contracenar contigo e seguir o roteiro, pois seu monólogo estava muito chato?

O que você espera de um relacionamento?

Você sente falta do teu ex ou da PRESENÇA dele?

Você se ama o suficiente para receber esse amor na mesma proporção de outro alguém?

Como você pode demonstrar mais amor por si mesmo?

Se quiser seguir no nosso caderninho, escreva as perguntas e as repostas, para ficar mais fácil de se lembrar lá na frente.

E para comparar com suas respostas ao final do nosso livro.

Reconhecer-se implica em amadurecer. E amadurecer nunca foi um processo muito fácil mesmo. Tenha esta noção, neste momento, que você está em um processo de amadurecimento. Reveja sua trajetória, tudo pelo qual já passou e como superou, e que, se você ainda está aqui, lutando, batalhando para se reerguer e acreditando em si, está dando um belo voto de confiança na VIDA e no amor! Então, na minha opinião, você é uma pessoa GUERREIRA! Pois pode até perder algumas batalhas e ir à lona de vez em quando, mas nunca se declara perdedor da guerra.

Traga consigo seus valores, tenha a noção do ser humano que você é e comece a crer, com todos os seus sentidos, que VOCÊ MERECE UM AMOR BOM.

O amor não mudou; foram as pessoas que mudaram

Se o planeta Terra inteiro tivesse apenas uma crença limitante, com certeza seria: "OS TEMPOS MUDARAM, O AMOR HOJE É DIFERENTE."

Chego a ter sobressaltos no coração quando leio e escuto essa frase. E, mais de uma vez, já pedi para a pessoa que estava dizendo isso, que me explicasse, porque não entra na minha cabeça. O amor mudou?

Então o amor não é mais aquele troço que se instala no coração, que é lentamente disseminado na corrente sanguínea, que em pouco tempo atinge em cheio o cérebro e inunda todos os neurônios, nos fazendo ter delírios maravilhosos e enchendo nossos corpos de endorfinas, serotoninas, fazendo nossas pupilas dilatarem ao avistar o ser amado, nos causando suor, frio na barriga e uma certa tremedeira nas pernas e uma sensação de vitória ímpar, de se ter alcançado o ápice da existência terrena, quando nos damos conta de que conseguimos cativar e receber um sorriso genuíno e espontâneo do ser amado? Amor não é mais aquilo que nos tira o sono e nos causa euforia profunda em pensar que daqui a algumas horas iremos novamente de encontro ao nosso amor? Não é o que nos faz ver cores a mais em dias cinzentos e que faz tempestade se tornar mero detalhe?

Amor não é mais algo bonito de se ter, de causar orgulho e felicidade?

Amor hoje em dia, seria isso que juramos em uma noite qualquer e que se vai na manhã seguinte tão ligeiro quanto a ressaca chega? Amor estaria sendo falsamente profetizado em lindas fotos que estão mais preocupadas em receber curtidas do que em curtir, propriamente dito?

É... García Márquez, meu querido, sinto te dizer que o amor nos tempos do cólera se tornou fácil se comparado ao amor nos tempos modernos, o amor virtual expressado com :) <3 S2 ao invés de abraços, beijos e contato físico. Márquez, não sei se você gostaria de saber que hoje em dia as pessoas não se olham mais nos olhos e que não adianta ficar esperando na janela porque ele NÃO vem... a única janela aberta à espera de uma "presença" é a janela do Facebook. E já que estamos falando dos tempos atuais, tem "sofrência" maior do que ficar olhando fixamente para a lista de contatos *online* no *chat* esperando ÀQUELA pessoa ficar com a bolinha verde ao lado do nome?! E... meu DEUS! Que dor no coração quando a pessoa fica *online* mas não se manifesta, não te manda nem um "Oie" *inbox*! Porque, atualmente, não adianta sair e ir para o barzinho que a turma toda frequenta à espera de encontrar o cara "assim, por acaso, sem querer querendo". Ele não vai estar lá. Mas acalme-se! Talvez no Tinder você o encontre. Pois é... já sinto nostalgia quando me lembro daquela boa e velha roda de amigos, todos com copos na mão em vez de celulares, todos falando besteira e RINDO uns dos outros e, principalmente, OLHANDO PRA FRENTE e não pra baixo. Hoje em dia as "rodas" de amigos são grupos altamente chatos no WhatsApp. Não me inclua em nenhum, por favor, mas se for fazer um churrasco, tô dentro!

E tem coisa que parta mais um coração do que enviar, altas horas da noite, um "whats" pra pessoa, com uma "quase declaração de amor" que deu o maior trabalho de pesquisar no Google – "POEMAS DE VINICIUS" –, e, depois, receber um *emoticon* de "joinha" como resposta? Nossa... nos tempos antigos poderíamos comparar tal dor com um episódio em que íamos numa festa sabendo que a pessoa estaria lá e, ao chegar, vê-la acompanhada por outro! Isso era horrível! Pelo menos via "whats" podemos achar que a pessoa estava superocupada e respondeu um "joinha" por conta disso... e bola pra frente, viva a (des)ilusão! Se seguirmos comparando os casos, o namorado ou esposa curtir uma foto X, de alguém nas redes sociais, equivale a pegar o parceiro na porta do motel com outra! Você não sabe se eles estão, de fato, entrando ou saindo do motel, mas sabe que alguma coisa está acontecendo ali! Agora, pegar no flagra mesmo, os dois pelados na cama, é algo como ler um *inbox* cheio de textos maliciosos, *selfies* particulares e promessas de um encontro muito breve. Mas o amor nos tempos modernos também impede a traição física, de fato. Muito provavelmente a traição não passará de *selfies* íntimas e promessas de (des)encontros reais.

Sabe aquela carona para uma "colega" de trabalho que nos irritava profundamente? Bem, se você tem menos de 20 anos não deve saber como era isso, mas, enfim, hoje em dia essa carona é como se fosse uma seguida no Instagram. A pulga corre pra trás da orelha! Mas uma coisa não podemos negar: O papo sempre foi e sempre será imprescindível para engatar qualquer paquera! A diferença é que o xaveco ao pé do ouvido, hoje, é feito por mensagens de texto – e se for SMS, então, considere-se VIP para a pessoa, pois SMS geralmente é cobrado à parte pelas operadoras de telefonia.

A grande questão é: Como apaixonar-se por um ser raramente ouvindo a voz dele? Ah, me perdoe, o WhatsApp lançou o serviço de mensagem de voz – puxa, problema resolvido... (rs)

Como rir de uma piada escrita sem saber a entonação correta? Como o coração pode disparar vendo um *emoticon* sorrir com algo que você disse – ops, escreveu –, e não ver o sorriso, os dentes, as covinhas, do ser amado? Parece loucura!

Se alienígenas estiverem nos observando de longe, devem estar dizendo: "Puxa, olha que gente louca! Eles têm 986 amigos ali, naquela tela, mas estão sozinhos em casa num sábado à noite! Bora pra outro planeta, galera!" Afinal, você iria para um planeta onde os brindes são feitos através de "transmissões ao vivo" e as declarações de amor em uma *timeline*? Sem transmitir, efetivamente, sentimento algum? Você iria para um mundo onde a vida não é mais vivida, sentida, onde as pessoas não querem tomar um coquetel de frutas, mas pedem assim mesmo porque vai sair bem na *selfie*? Onde até as brigas e as fofocas são indiretas? Onde tudo, na verdade, é indireto: o romance, as "cutucadas", as desavenças? Bem... eu, particularmente, acho o "amor" nos tempos modernos LINDO! As fotos são lindas! Os *posts* escritos e compartilhados nos perfis são lindos. Mas ainda prefiro alguém que mude minha rotina do que somente meu status no Face. Prefiro alguém que me pegue pelo braço e me peça pra ficar, do que uma "cutucada". Prefiro alguém que curta mais minhas ideias do que minhas fotos. Quer ter ciúme de mim? Tenha! Mas tenha ciúme quando um cara me olhar demais na rua, quando alguém pedir meu telefone ou parar o carro para mexer comigo – não tenha ciúme porque adicionei um amigo à minha rede social, tenha ciúme quando eu adicionar alguém à minha vida REAL! Hei! Me procure na rua, pelos bares, no bairro onde eu moro, não me procure no Snapchat! Gabriel García Márquez, com certeza teria um troço ao descobrir que aquelas longas conversas ao telefone, seguidas de "desliga você" intermináveis, foram completamente extintas. E hoje, se o seu sinal estiver bom, quem sabe a pessoa não te chama pelo *messenger*? Aliás, o WhatsApp é a besta moderna do apocalipse, né? Porque eu já vi gente tendo verdadeiros surtos nervosos porque os "DOIS TRACINHOS ESTÃO AZUIS" e a pessoa não obteve resposta. Dois tracinhos azuis sem um *smile* sequer é caso de vida ou morte. Mesmo... E o "amor" nos tempos modernos tirou até um pouco do charminho das DR's! Nas discussões sobre a relação, na minha época (puxa, estou velha mesmo), a gente ia embora pra casa, batia o telefone na cara do namorado e não atendia mais durante aquele dia – quando a coisa era muito feia a gente rasgava a foto do porta-retratos e as cartas escritas em lindos papéis cheirosos! Hoje, as pessoas deletam fotos do Instagram e ficam "*offline*" – mas por pouquíssimo tempo, pois, na verdade, ninguém vive *offline* nesta modernidade.

E fazer as pazes era uma delícia! Ficávamos esperando o namorado tocar a campainha, com aquela cara de "cachorrinho sem dono" e a paixão dominava os lençóis, tempos depois... Discutir por um celular, além de detonar as pontas dos dedos, é algo maçante! Você não sabe o timbre de voz da pessoa – se ela está brava, superbrava ou BRAVÍSSIMA! E ficar falando e berrando e com um aparelho eletrônico é um troço muito sem graça! O celular não vai esboçar uma reação! Você pode falar o que quiser pra ele! E fazer as pazes porque recebeu um *link* de música não acelera o coração como fazer amor depois de uma discussão. Não tem jeito. Eu sempre vou preferir pegar, apalpar, segurar o cabelo, olhar bem dentro dos olhos de alguém que eu gosto, do que segurar um botão, dar dois cliques numa tela e ser sensual para uma câmera. Em tempos tão virtuais, onde ligação de uma operadora para outra é só em caso de emergência, eu confesso que sofro um pouco para manter as minhas relações (sur)reais.

Então, permita-me insistir em minha afirmação: **O amor não mudou; foram as pessoas que mudaram – e também o jeito de se relacionar.**

Em tempos onde "DESAPEGA" virou lema de uma geração inteira, apegar-se realmente parece loucura. Num mundo onde, de repente, se apaixonar virou motivo de chacota e vergonha e as pessoas nem sequer se dão tempo para sentir algo, qualquer coisa que seja, vivemos como mendigos afetivos em busca de esmolas de atenção.

Na minha percepção, atualmente, se definem nitidamente dois grupos de pessoas: as que querem um amor de qualquer jeito, uma companhia para preencher suas vidas monótonas; e as outras, que acham suas vidas tão incríveis, que se consideram seres humanos tão legais e maravilhosos, que acreditam não precisar de amor algum, portanto, criam crenças de que o amor é uma grande perda de tempo inútil.

As do primeiro grupo me angustiam, pois normalmente são as que mandam mais mensagens com relatos óbvios, que, por algum motivo desconhecido, fazem questão de não enxergar. Me dá vontade de dizer "Hei! Não é possível! Você não está vendo que isto é conversa furada? Que esse cara não quer nada contigo? Sai fora dessa... você merece coisa melhor!" Mas me seguro para redigir uma resposta no qual o próprio questionamento da pessoa a leve até a óbvia resposta.

Esse grupo, dos mendigos afetivos, se anula totalmente para poder agradar e sempre termina sozinho, pois quer construir uma história sólida em cima de uma farsa. Cimento ruim, a casa cai. Ninguém pode construir uma vida em cima de ruínas.

Vivem me dizendo que sofrem por não encontrarem o amor, mas a palavra correta é DESESPERO. Eu os sinto verdadeiramente desesperados em suas mensagens. E me desespero junto. Pois gostaria de lhes dar outras perspectivas e fundamentos, um real direcionamento para suas vidas, que não fosse a vida de outra pessoa!

O amor dói. Ok. Já senti dor também. Mas o que dói mesmo é o desamor. É viver esperando do outro coisas que não vêm. E se não vêm é porque não são espontâneas ao parceiro... não adianta se enganar. Não adianta inventar amor onde não tem. Não adianta querer se apaixonar pela foto de um perfil e por palavras vagas. Amor é presença, é calor, é timbre de voz. É parceria, amizade, entendimento. Amor é atitude; não só palavras.

Desde quando o amor parou de ser gentileza, amabilidade, para virar *expertise* na mão de gente malandra? O amor não é para profissionais. Digo e repito; amor é para amador. Profissionais não amam com o coração. Amor é para quem está disposto a aprender, a se doar e a receber.

Onde foi que a Humanidade se perdeu do amor? Em que lugar os *millennials* ouviram que fidelidade, companheirismo, lealdade e carinho estão foram de moda?

Eu temo por essas gerações mais novas, das minhas meninas, por exemplo. E, por isso mesmo, venho tentando fazer um trabalho de formiguinha com elas. Para que não passem a vida na janela da torre à espera do príncipe encantado, mas para que sejam rainhas de seus próprios castelos. Que elas cresçam sabendo que AMOR NÃO RIMA COM DOR e que dependência, posse e submissão não são sinônimos de amor. O amor, na verdade, é outra coisa. É o oposto de tudo isso.

O que tristemente constato é que o amor está se tornando algo banalizado. As relações afetivas de hoje criam nós, mas não laços. A oferta é tanta, que não se faz mais necessária a procura. E as pessoas andam um tanto descrentes sobre os bons sentimentos.

O amor virou algo tão efêmero quanto o borbulhar do champanhe.

Felizmente, ainda existe uma parcela de seres humanos que resistem, como eu! E fico muito feliz por ver que mais gente se junta a mim nesta causa. Por isso te digo: Apegue-se!

Por favor, não entre na moda, desta vez. Com uma geração que exibe suas conquistas sem ter de fato conquistado alguém, onde entregam troféus para quem consegue ficar com o maior número de pessoas e manter-se sozinho... Uma geração que fala com 12 pessoas ao mesmo tempo, mas não é capaz de desenvolver um diálogo cara a cara por mais de 15 minutos... Pessoas que acham o máximo sair com quatro pessoas diferentes na mesma semana, mas que não têm sequer uma para ligar quando uma gripe bate, numa noite chuvosa, em estado febril... Eu não consigo mesmo entender quem enaltece o desapego, fingindo não se importar!

Concordo, plenamente, que todo ser humano precisa se empoderar! E que a gente só conhece a verdadeira felicidade quando consegue ser feliz por si próprio, se bastar. Mas, depois que aprendemos essas lições fundamentais e não passamos a **DEPENDER** mais de ninguém, nos apegar se torna algo delicioso. Apegar-se não é se tornar dependente. Apegar-se é ser livre o bastante para não ter medo.

Quando foi que deixamos nosso instinto de viver em bandos, em colmeia, para sermos solitários? Quem foi que disse que amar é ruim? **Amar quando já se é completo, sem a necessidade de que o outro nos complete, é a melhor coisa desta vida.**

Apegue-se! Apegue-se a um olhar intenso, a um sorriso imenso, a braços suaves em abraços fortes. Apegue-se a uma música, a escute incansavelmente no volume máximo, decore a letra e faça dela a música da tua vida! Apegue-se a um doce específico, pode ser aquele que só a sua vó sabe fazer, e atire-se nele sempre que puder! Acredite, um dia isto pode lhe causar uma saudade imensa... mas, nunca deixe de se apegar por medo da saudade – ela é a consequência natural, é o atestado que o coração emite, toda vez que vivemos algo bom! Só não tem saudade quem nunca se apegou a nada. E quem nunca se apegou a nada, não sabe, realmente, qual é o sentido desta vida.

Viemos um amor atávico, de fábrica. Somos amados desde o início, quando ainda éramos um mero embriãozinho... às vezes somos amados antes mesmo de pensarmos em existir. A nossa natureza é esta!

É o dom divino que o Criador nos deu! O resto... o resto nós que inventamos para acabar com o amor. Ou para camuflarmos nosso medo de sofrer.

Apegue-se aos seus pais, o máximo que puder. Apegue-se ao seu filho, ao seu bebê, sem medo de ele ficar mimado ou dependente de você! Apegue-se ao seu bichinho de estimação e receba um amor verdadeiramente puro de volta!

Apegue-se ao que te faz bem! Podem ser pequeninos hábitos que te fazem feliz, como tomar café da manhã em família ou comprar diariamente seu jornal, afinal, a verdadeira felicidade é um emaranhado dessas pequenas coisas corriqueiras, e não um evento magnânimo, como muitos pensam. Nem sempre pode ser noite de *réveillon*, mas sempre deve ser véspera. Entende? Apegue-se a dias ensolarados, manhãs cheirando café fresco. Apegue-se às tuas flores e as veja florescer muito mais intensas. Assim também é a nossa alma humana, o amor é nosso adubo perfeito!

Entregue-se. Sem medo de roubarem o seu coração, pois ainda é melhor um coração roubado e batendo do que um coração sempre ritmado que nunca saiu de si mesmo. Apegue-se àquele beijo que faz teu corpo arrepiar, àquele toque que te faz tocar as nuvens sem sair do lugar...

Parece que as pessoas estão fazendo questão de desaprender como é bom ter alguém para compartilhar a vida no final do dia! Como é maravilhoso ser alguém com quem se possa contar. Estamos tentando, bravamente, fazer o caminho inverso. E o pior: Estamos conseguindo. Estamos trocando beijos e pessoas, como se fossem descartáveis, como se o normal, de repente, fosse ter vários e, no fundo, não ter ninguém. Estamos com nossas agendas cheias e nossos corações vazios.

Paramos de olhar para as pessoas, para o movimento das nuvens no céu, para as paisagens que nos cercam, para olharmos para pequenas telas que estão nos mostrando exatamente isso! Estamos curtindo uma foto produzida e cheia de efeitos, e menosprezando quem efetivamente quer e está ao nosso lado. Morremos de medo de expormos nossos sentimentos, de mudarmos nosso "status", nossas vidas, de perdermos "oportunidades melhores", de sermos traídos. Medo do que as pessoas vão falar. E nos esquecemos da grande capacidade de regeneração que nosso coração possui. Não tenha medo de te magoarem, tenha medo de passar por este mundo sem nunca ter sentido algo absurdamente forte e verdadeiro por alguém.

Apegue-se à vida que sutilmente vai passando sem que você ao menos se dê conta. Apegue-se ao café com pão de queijo da esquina do seu trabalho, e seja fiel a ele! Não abafe sua vontade de amar alguém.

Não tente conter o seu ímpeto, por medo de uma possível dor. DOR, mesmo, passa quem quer se apegar e não tem a quem... Dor é chegar no fim de vida sem nunca ter sido uma saudade bonita para alguém.

Deixe outra pessoa se apegar a você também. A vida fica muito mais gostosa quando paramos com os joguinhos e aprendemos a brincar.

O amor continua aí. Aqui; em todo lugar. E agora que você sabe disso, que está em processo de amadurecimento, que está tendo a oportunidade de substituir suas crenças limitantes por crenças mais condizentes à pessoa que você está se tornando e que você **quer** ser, pare para analisar e diga: Foi o amor ou fomos nós que mudamos?

O amor continuará sendo nosso ponto de partida e de chegada, nós é que precisamos nos reconectar a ele, à esta energia vital e transformadora.

Portanto, você não PRECISA fazer esse jogo se o seu EU verdadeiro é contra isso tudo.

Você não precisa esperar a semana inteira por aquela mensagem monossilábica e inconclusiva, que te fez comer mais do que o normal nessa tarde, e que mais a angustia do que a tranquiliza.

Você não precisa pensar se liga ou não liga, pois você quer falar, mas não quer incomodar...

Pare de ficar cheia de receio e dedos na hora de convidá-lo para sair, por não ter certeza se ela irá ou não aceitar...

Pare de perder o sono se preocupando se falou demais ou de menos no jantar.

Você não precisa tentar aniquilar suas tão belas expectativas.

Se tem dúvidas se agrada ou se perturba, se sua presença é querida ou tolerada, se sua companhia é essencial ou tanto faz... vá embora.

O amor não deixa dúvidas.

O amor não é feito para se pisar em ovos, para segurar o riso, para programar a fala. O amor não é feito para gente fraca. É preciso CO-RAGEM para amar e deixar-se amar. O amor tira o sono mesmo, dá mais fome que o normal e gera expectativas, mas só deixe isso acontecer se for para te fazer FELIZ! Se varou a noite ouvindo a música de vocês dois... se ficou ansiosa pensando na viagem que irão fazer no fim de semana. Só permita tais alterações se o ser amado também está contagiado por esses fenômenos. Se o resultado for negativo, retire-se. O amor foi inventado por entusiastas e para entusiastas. Qualquer coisa sem tesão, sem emoção, sem ímpeto, não é amor... é mera alusão.

Perda de tempo.

Por que estar com alguém que não se pode beijar quantas vezes se tenha vontade? Por qual motivo você não pode ligar pra desejar boa noite, mesmo que esteja tarde? Como é que se fica apaixonado sem fazer alarde? Eu não sei! Nunca soube. E pretendo nunca descobrir.

Sorrisos de lado, sem graça, com olhos que não brilham e mãos tranquilas, sem anseios... Corpos que não vibram com mentes que não se desejam... amor não há de ser. É gostar. Mas gostar não basta para quem espera tanto e não tem nada a receber. Gostar pega na mão mas não a segura; olha nos olhos, mas não na alma. Beija a boca, mas não beija nunca o coração. Gostar troca ideias, mas não cria conexão.

Gostar leva para a cama, mas não para a vida. Gostar vai sair de vez em quando, mas não para sempre. Gostar não se entrega e não recebe nada de volta.

Gostar é brasa fraca pra coração que almeja labaredas.

Se tem dúvidas se ama mesmo alguém ou se alguém te ama, pega teu rumo. Amor é certeza intrínseca; é chama que água nenhuma apaga; amar é desprender-se de quem és para tornar-te extensão de outro ser e ser, verdadeiramente, feliz com isso. É abrir mão de muita coisa e mesmo assim sentir-se vencedor! É habitar outro corpo e rezar, com todas as forças, para de lá nunca mais sair.

Amar é perder-se sem querer e não achar o caminho de volta.

Amar é montanha-russa sem trava de segurança. É alimento para a esperança; é não se importar para onde vai, mas saber que se quer ir.

Quem ama quer estar junto! Não importa o assunto (ou a falta dele). Não importa a hora. Amar é contabilizar os minutos. Mas não os economizar, jamais. É esquecer-se por completo do tempo.

Se os segundos não fazem falta... vai-te embora! Vá encontrar alguém que não gaste, apenas, tempo contigo, porque gastar um tempo quando não se tem mais nada pra fazer, com algo que não tem tanta importância é fácil... a gente gasta com um videogame, com um filme qualquer... difícil é dividir o tempo, é fazer a mágica de multiplicá-lo só para estar com quem se ama. E quem ama, se torna um pouco mágico.

Se não há magia... vá embora.

Não se deixe convencer de que os tempos são outros e o amor agora mudou.

Esse negócio de quem ama todo mundo, para mim, é coisa de quem nunca amou ninguém.

Mas, deixando minha opinião particular de lado, hoje muito se escuta falar em "poliamor", que é o tipo de relação onde os envolvidos têm múltiplos parceiros sem que isto seja um problema. Respeito TUDO que faça uma pessoa feliz! Sou a favor de todas as formas de amor existentes!

Mas, para mim, isso jamais funcionaria. Porque quando amo, eu amo mesmo. Eu me vicio no beijo, no cheiro, na voz, no toque. Eu não tenho vontade de estar com mais ninguém – todas as vezes que tive essa vontade, era porque não **amava** a pessoa que estava ao meu lado. Fidelidade nunca foi uma obrigatoriedade para mim. Acredito ser algo muito natural, proveniente justamente do AMOR que sentimos. Não estamos com mais ninguém não porque seja proibido, mas porque NÃO QUEREMOS. E é isso que me interessa em uma relação. A vontade de permanecer, quando se é livre para ir.

Se o poliamor fizer a sua cabeça, numa boa, sem estresse, recomendo que se jogue! Mas, entrar em uma relação dessas só para satisfazer o outro – ou fingir que aceita sem aceitar de corpo e alma –, é sadomasoquismo. Aliás, o que eu vivo dizendo para meus amigos mais íntimos é justamente isso, que fazer qualquer coisa que não se esteja muito a fim, só pensando em satisfazer o parceiro e se ferindo para que essa satisfação aconteça, é totalmente inviável e ultrapassa o sadomasoquismo. Seja qual for o esforço, será em vão, por mais que se queria ninguém segura um cabo de aço sozinho, e um relacionamento, meus caros, é um cabo de aço.

Então pare de se iludir e se forçar a aceitar situações que são inaceitáveis para o seu EU verdadeiro. Que você fique SÓ. Antes estar sozinha, em sua própria companhia sincera e amigável e com a possibilidade de encontrar alguém bacana, do que estar mal relacionada e condicionada à infelicidade. Até quando vale a pena esperar?

Temos que nos adaptar e concordar com qualquer absurdo para não ficarmos sós? Submissão não é saudável. Temos que largar mão dessa ideia e irmos em busca de quem pense e SINTA como nós.

Até que ponto vale usar esse subterfúgio de que "os tempos mudaram" para esconder os reais desejos do seu coração?

Os tempos mudaram. O amor, não.

Amor não rima com dor: posse, ego, dependência e ciúme excessivo – isso não é amor!

Você vai ler muito esta frase neste livro e nos meus textos por aí, pois demorei um tanto para compreendê-la e faço questão de disseminar esse conceito tanto quanto me é possível.

Por isso, quero frisar aqui, que o amor às vezes adoece. É contaminado pelos males dos homens e, como qualquer doença, necessita de tratamento. Eu não sou psicóloga ou *coach*, sou escritora e uma mulher extremamente observadora e atenta ao comportamento humano, alguém que prioriza o aprendizado empírico e que dispensa teorias. Eu tenho muito contato com gente, felizmente, porque gosto de gente. Eu gosto e ainda levo fé na humanidade. Adoro ouvir casos e histórias, e costumo ler atentamente cada mensagem que recebo – acredito que essa troca seja um grande tesouro nesta vida e que enriqueça muito quem dela dispõe.

Então, meus relatos e conselhos aqui não substituem boas consultas com profissionais da área da saúde mental, certo? Quando certas características tomam proporções muito grandes e saem do nosso controle, prejudicando nossa vida em vários aspectos, devemos, sim, procurar ajuda especializada para aprendermos a controlar e vencer nossos impulsos.

O que quero abordar aqui, neste capítulo, são todas as antíteses do amor. Tudo que a nossa sociedade está acostumada a apelidar de "amor" e, desta forma, arrumar uma desculpa plausível para situações que nem sequer se aproximam de situações amorosas e confortáveis.

Temos que parar com esta mania absurda de romantizar crimes e assassinos, e culpabilizar vítimas. Acredito que toda a sociedade tem parcela de culpa nesses crimes. Quando justificamos o comportamento abusivo de um filho ou irmão, dizendo que "ele é ciumento, tadinho", ou "eles brigam muito, mas se amam", estamos sendo cúmplices. Quando negamos os FATOS e não oferecemos ajuda efetiva e de profissionais da saúde, estamos sendo negligentes. Quando ignoramos a violência doméstica dizendo "em briga de marido e mulher ninguém mete a colher", estamos sendo coniventes. Quando você mexe na rua com uma menina, você está fazendo parte da grande massa da população que concorda com o assédio. Quando você diz para os amigos na roda de bar que tem muita "novinha" de 13, 14 anos que GOSTA e que SABE o que está fazendo, você se torna um INCENTIVADOR desse tipo de CRIME. Quando você quer combater a corrupção governamental, mas suborna o fiscal no seu negócio, automaticamente você se iguala e passa para o lado corrupto. E são justamente esses pensamentos e atitudes considerados "normais" pela sociedade que puxam o gatilho.

Quando culpabilizamos as vítimas, estamos incentivando os crimes. Quando não damos a devida importância para fatos óbvios que estão bem à nossa frente, somos, também, responsáveis pela violência. Quando apoiamos incondicionalmente atitudes erradas de alguém, estamos alimentando a loucura desse alguém. O AMOR verdadeiro se preocupa, zela, cuida. Será, então, que nós também não estamos apelidando outros tipos de sentimento de "amor"? Se amamos um filho, devemos fazê-lo pagar pelos erros, e, desta forma, estaremos dando uma chance para que ele se torne um ser humano do bem. Não podemos passar a mão na cabeça dele sempre, desde pequeno. Para depois não chorarmos dizendo que não sabemos como ele chegou a esse ponto...

Me entristece e me deixa mal, de verdade, quando leio esse tipo de notícia, que um pai matou os filhos a sangue frio por vingança... e que a mãe já havia feito um BO contra o sujeito. Mas a culpa recai sobre ela. ELA que fez a vida do coitado um inferno. ELA que usava os filhos contra o pai. "Bem feito!"

Mas não podemos esquecer que amanhã pode ser com um de nós, porque ninguém está livre de uma situação dessas. Aliás, se você pensar bem, aposto que vai encontrar no seu círculo de amizade algum caso de violência, de abuso psicológico, de ameaças.

NÃO HÁ JUSTIFICATIVA PARA UM CRIME DESSA NATUREZA.

Encaremos os fatos e, quem sabe, consigamos prevenir em vez de chorar depois.

Temos que falar mais no assunto. Temos que tirar a aura mística que recobre casos horrendos e crimes hediondos, como o caso do assassino de Eliza Samúdio, que ainda tem FÃS. Quando penso nisso, meu estômago se revira. Essas pessoas que são FÃS desse ASSASSINO, são tão ou mais loucas e cruéis do que ele. E os inquisidores de Eliza são "Brunos" e "Brunas" em potencial. "Esse é o destino de mulher golpista." Não. Esse é o destino de quem cruza com um ASSASSINO. ELE matou, **isso é crime.**

Bruno não é um justiceiro que deu uma lição em alguém. Bruno MATOU alguém, e esse alguém, por sinal, era a mãe do seu filho.

A humanidade está perdendo a noção de tudo, do limite entre o bem e o mal, o senso de normalidade, os parâmetros de comparação, o escrúpulo, e a HUMANIDADE. Somos, de longe, muito piores que os animais, pois eles matam para seguir a cadeia alimentar, nós matamos por gosto, por hobby, por vingança, por qualquer coisa.

E, infelizmente, me refiro em maior parte às mulheres, pois ainda somos a ponta mais fraca dessa corda. E, por mais incrível que soe dizer isso, pouca coisa mudou a nosso favor através dos séculos. A inquisição continua, mas não somos mis queimadas em praças públicas. Não precisa... Somos taxadas, apontadas e expostas em redes sociais e em vias públicas, em qualquer lugar, para ser mais exata. Nos ônibus, dentro de nossas próprias casas, saindo de um supermercado às 10h da manhã. Não importa. Os homens ainda pensam que exercem algum tipo de domínio e que nós somos obrigadas a acatar e abaixar a cabeça porque somos "inferiores". A meu ver, não se tem outra explicação para a falsa superioridade que os homens impuseram sobre as mulheres, senão a força bruta. Mas eles esqueceram que a força bruta muita coisa destruiu, mas nunca construiu nada, efetivamente, neste mundo.

A questão é que nove séculos se passaram desde o início da perseguição às "bruxas", mas continuamos com medo e lutando para ter nosso lugar no mundo reconhecido e devidamente RESPEITADO. Só queremos o direito de EXISTIR, em paz. É mesmo pedir muito?

A todo instante pipocam notícias de feminicídio mundo afora, e, nas vezes que clico em alguma matéria para ler, certos comentários me causam ânsia. Ler coisas do tipo "Mulher de bandido, apanha porque gosta, dá nisso" ou "Vai ver o que a safada fez pra merecer esse fim!", e ainda "Boa coisa não deveria ser... provocou, deu nisso." Então a culpa, não importa o caso, perante o grande júri inquisidor atual, os juízes de internet respaldados por uma sociedade misógina e igualmente deturpada, é atribuída à mulher, incondicionalmente.

Somos culpadas quando reagimos e quando não reagimos. Somos culpadas quando vamos embora e quando ficamos. Quando lutamos e quando consentimos. Culpadas quando respondemos e quando nos calamos.

Não estou dizendo que relacionamentos abusivos só aconteçam do homem para a mulher, mas são raros os casos em que uma mulher matou seu companheiro por ciúme na frente dos filhos. São raros os casos onde um homem foi espancado por uma mulher dentro de uma boate ou perseguido, estuprado e cruelmente assassinado na saída da faculdade ou na escada do prédio. Infelizmente, nos acostumamos a tais notícias devastadoras. Mas não podemos encarar como algo natural da vida. É preciso trabalharmos a cabeça de nossas crianças, desde muito pequenas, e pararmos de uma vez por todas com esse separatismo ridículo, onde meninas usam rosa, meninos, azul. Meninas, cabelos compridos e nunca chamam os meninos para saírem; aprendem as tarefas domésticas para "impressionar" o namorado e aí "já podem casar" quando aprendem um prato novo. Enquanto isso, aos 13 anos, o menino está sendo incentivado pelo pai, tios ou irmãos a assistir vídeos pornográficos, a tratar mulheres como prostitutas – "Não trata bem não que elas pisam!" Quando um homem vai ter uma filha, sempre escuta aquela piadinha: "Vai passar de consumidor para fornecedor hein?"; e quando vai ter um filho escuta: "Esse vai ser pegador!" Tal mentalidade, tão retrógrada e nociva, está incutida na nossa sociedade. Precisamos mudar isso ou a situação não mudará. É preciso criar mulheres mais empoderadas e cientes de seus lugares no mundo, e homens mais solícitos e respeitosos.

Hei! Você, macho amigo, preciso te lembrar que se não fosse por uma MULHER você não EXISTIRIA!

Portanto, é perfeitamente aceitável a ideia de quando um homem agride uma mulher, ele está agredindo a ele mesmo, sua origem; ferindo a existência humana. Não entendo o porquê desta hierarquia de gênero, se fosse assim, as mulheres deveriam ser o SER SUPREMO, pois nós originamos a vida e, no entanto, só lutamos por igualdade. Aliás, lutamos pelo RECONHECIMENTO, pois a igualdade existe desde que o mundo é mundo.

Está aí Adão, que não me deixa mentir – precisou de Eva para dar continuidade à espécie. Logo conclui-se que os homens são a versão beta da humanidade e que Deus precisou rapidamente de um *recall* e mandou Eva. Não entendo como essa vassalagem feminina ainda perdura! Se as mulheres são insignificantes e inferiores aos homens, por que, então, DEUS não deu útero a eles?

Enfim, brincadeiras à parte, não sou radical extremista, mas sou mulher e, por isso, seria um disparate dizer que não sou feminista. Sou FEMINISTA, sim, e acredito que todo mundo no mundo deveria ser feminista, incluindo os homens!

Se todos eles tivessem essa noção, de que vieram, indiscutivelmente, de uma mulher, talvez o antifeminismo deixasse de existir. Quem sabe um dia?

Mas nosso livro é democrático e para ambos os sexos, e eu acredito que os homens também sofram. Sofrem muitas vezes pelos mesmos motivos, por essa obrigatoriedade imposta pela sociedade, onde homens precisam ser garanhões, onde chorar não é coisa de macho, amar é ridículo e demonstrar sentimentos é coisa de *gay*. Eu tenho gostado dos avanços em prol de um protagonismo masculino maior, como trocadores de fraldas unissex e de pais que optam por ficar em casa cuidando das funções domésticas e dos filhos enquanto as mulheres trabalham fora.

Os homens também sofrem e se angustiam, mas acredito que a forma de se expressar seja diferente; não que seja uma regra, mas podemos dizer que seja mais uma convenção social que trazemos do berço. Homens sofrem numa mesa de bar, num estádio de futebol lotado, paquerando gatinhas na academia e recebem apoio de todos os lados. Num rompimento eles são incentivados a voltar logo para a "ativa", a recuperarem o "tempo perdido", e são vistos como guerreiros de volta ao combate pelos homens que ainda estão comprometidos. Nós, mulheres, somos incentivadas a ler bons livros, mudarmos o corte e a cor do cabelo e focarmos nas crianças, quando as temos, ou em um curso novo quando há tempo disponível. Se o homem engata logo uma relação, ele é um Sultão e será venerado; se a mulher parte logo para outra, ela é uma vadia, no português bem claro. Homem fiel é babaca e mulher infiel é depravada. Homens, teoricamente, deveriam ser mais contidos e racionais e deixar o sentimentalismo e romantismo para a mulherada. Acontece que na alquimia do amor, se faltar romantismo, afetuosidade e demonstração, a poção desanda.

Eu recebo *e-mails* e mensagens de homens também, e fico feliz quando eles expressam uma opinião, mesmo que muitas vezes sejam opiniões contrárias às minhas. Ainda assim eu gosto de saber que eles leem, que eles fazem questão de dizer "Opa, pera lá! Não generalize!" – isso traz certo conforto ao meu espírito! (rs)

Então, não generalizemos mesmo e falemos das dores de amor de uma forma ampla e abrangente, pois estamos todos sujeitos a sofrer desilusões amorosas neste mundo. Faz parte do nosso processo evolutivo. Só não podemos encarar como uma certeza fatídica e irrefutável. Nos desiludimos para aprendermos e, desta forma, vamos nos conhecendo mais e conseguindo, então, perceber mais rapidamente quando um relacionamento aponta que não dará certo.

E, vai por mim, os indícios são claros e aparecem logo no começo. Mas a gente, muitas vezes, não quer tomar uma atitude drástica logo de cara e ficar com aquela sensação de que nos tornamos intolerantes. E, desta forma, nos preocupando em sermos complacentes com os outros, esquecemos de sermos complacentes conosco. Nos exigimos demais e nos punimos demais quando algo não sai como o esperado. Mas lembre-se do meu álibi que te emprestei para ser usado contra a sua mente opressora: "Foi tudo em nome do amor".

Esta expressão é uma faca de dois gumes, devo te alertar. Para mim, ela funcionou bem para me absolver de culpas excessivas e me perdoar, mas já vi gente a usando para justificar uma falta de atitude, conformismo e dependência.

Se uma pessoa é traída, constantemente humilhada e não recebe carinho, como ela pode justificar sua permanência numa relação como essa? Dizer que é por AMOR é tentar iludir a si mesma. Não, não, não! Eu insisto! AMOR só existe onde há RECIPROCIDADE. Ninguém AMA ser maltratado, humilhado, ofendido, enganado. Ninguém ama alguém que te faz sentir a pior das criaturas do mundo. Ninguém ama quem desmerece, mente e só faz o que bem entende. Chame de atração física, desejo sexual, dependência emocional, sadomasoquismo, baixa autoestima, menos de amor.

Aliás, muito se confunde e se mistura "Amor" com codependência. E é bem importante sabermos distinguir os dois. A Codependência, Dependência Emocional ou Dependência Afetiva é a inabilidade de uma pessoa em manter um relacionamento saudável com os outros e, acima de tudo, consigo mesmo, resultando em relacionamentos difíceis e destrutivos. Muito escuto falar em "Paixão" para justificar um sentimento de controle e posse sobre o outro e, mesmo que eu acredite que a paixão é algo mais impulsivo e mais difícil de ser controlado que o amor, ainda assim, os dois têm a mesma finalidade: Serem e fazerem as pessoas FELIZES. Somarem e não destruírem uma vida inteira. Na codependência, nós vemos os comportamentos sempre muito parecidos, começa com um cuidado excessivo com o parceiro, uma necessidade compulsiva em "ajudar" o outro e se antecipar aos seus problemas, querendo resolver de qualquer jeito, mesmo que o outro diga que não há necessidade e, desta forma, gerando uma anulação pela própria vida. Essa anulação implica, obviamente, em baixa autoestima, onde a pessoa então começa a se culpar por tudo, a se julgar sempre inferior ao parceiro e assim gera-se a cobrança exagerada de atenção e carinho o tempo todo. Como esse comportamento leva ao completo desgaste da relação, o codependente começa a experimentar uma repressão das emoções, ele passa a reprimir seus impulsos, vontades e opiniões de tal forma que, dentro de algum tempo, pode ocorrer também uma espécie de despersonalização, onde há uma ruptura com a própria personalidade. E quando isso acontece é bem comum que o codependente incorpore algumas características da personalidade do parceiro, algo que admire, uma forma de falar ou até um pouco do jeito de se vestir e gesticular. Em doses homeopáticas, vamos dizer assim, pegar algumas manias do parceiro é absolutamente normal, os neurônios-espelho trabalham desta forma, nos sugerem atitudes e gestos que consideram legais e positivos e, fora as explicações científicas, ainda tem o quesito "fofura" proporcionado pela paixão. Todos nós ficamos bobos quando apaixonados, não tem jeito, mas passado um limite, já se torna doença e várias dessas características juntas levam a um diagnóstico de dependência emocional.

Vemos muito, também, controle compulsivo, que é a necessidade de controlar o relacionamento o tempo todo ou, pelo menos, de se sentir no controle; quando começa a se cronometrar horários, marcar o tempo de resposta em uma conversa de mensagem, cobrar essa demora. Junto com isso vem o ciúme doentio, proveniente da enorme insegurança e da certeza de que será abandonado a qualquer instante ou que está sempre sendo traído, pois a pessoa fantasia traições e tramas na cabeça e começa a acreditar nelas. É criar um roteiro, totalmente fantasioso e sem ao menos pedir ou querer ouvir as explicações e justificativas – a pessoa acredita totalmente no que a mente inventou. E não é raro isso vir acompanhado de negação, onde, volto a repetir, o codependente usa o "amor" como desculpa para mentir para si mesmo, para fingir que os problemas não existem e se convencer de que todas as relações são conturbadas e todos os casais brigam e são assim – e por isso não enxerga a necessidade de procurar uma ajuda. Vivem oscilando, do céu ao inferno, do amor ao ódio, da autopiedade e da autoculpa; numa hora é a vítima incompreendida e, tempos depois, é o carrasco agressor. E isso tudo se dá porque quem sofre de codependência acredita plenamente que DEPENDE do outro, por isso essa procura desesperada por proteção, por companhia. Por sentir que só será feliz se tiver alguém ao seu lado, amparando-o, protegendo-o e guiando sua vida. E para conquistar e manter o parceiro ao seu lado, o codependente é capaz de chantagear, manipular, usar o sexo como moeda de troca, chegando a ter relações sexuais sem vontade ou só para "prender" o parceiro e conseguir o que quer. E, claro, que relacionamentos com pessoas que não sejam codependentes tendem a não durar, então, quem sofre disso e não busca efetivo tratamento, vai começar a se relacionar com pessoas que também tenham algum desequilíbrio ou mesmo vício, como dependência de álcool e drogas, parceiros com situação financeira instável, enfim, parceiros que também se sintam de alguma forma dependentes. O que isso gera? Relações doentias e uma vida sentimental desordenada e catastrófica. E uma verdadeira bola de neve, por assim dizer, já que não há sanidade e vida que resista a tantos altos e baixos sentimentais. Por isso os envolvidos nessas relações, consequentemente, também têm todas as outras áreas de suas vidas prejudicadas. Saúde, trabalho, finanças. Relacionamentos familiares, pois quem está de fora enxerga que não é uma situação normal e, quando tenta ajudar, é recebido com hostilidade. Engana-se quem pensa que só prejudica a si mesmo – a codependência é como uma bomba nuclear, sobra para quem estiver perto. Todo mundo sofre junto.

E claro que temos as variações de intensidade dentro desse transtorno. Dessa forma, seja bem sincero e leal consigo e veja se identifica algum traço que possa indicar que o seu comportamento já passou do aceitável, fugiu dos parâmetros de "normalidade".

Todos somos imaturos em determinado período da vida, e por isso acredito que todo mundo já tenha tido, pelo menos uma vez, alguma atitude da qual se arrepende ou reconhece que foi abusiva.

Porém, se voltamos a repetir a atitude porque obtivemos alguma vantagem com ela na experiência passada, temos boas chances de nos tornarmos adultos abusivos, sem percebermos o tamanho do estrago que isso causa. Eu recebi alguns relatos de homens que leram meu primeiro livro, contando que eles jamais imaginariam que suas atitudes prejudicassem tanto as parceiras e que só se deram conta disso ao lerem o livro. Alguns desses relatos me chamaram a atenção pela sinceridade e emoção das palavras, e eu respondo dizendo que esse é o passo mais importante e, exatamente por isso, o mais difícil: RECONHECER E ASSUMIR O ABUSO. Nem todo codependente é mau-caráter, obrigatoriamente.

E conforme vamos adquirindo maturidade e encontramos ajuda, acredito ser totalmente possível um codependente passar a ter uma vida normal e tranquila. Ninguém está condenado aos seus próprios demônios, para todo o sempre. Viemos para este mundo justamente para isso, para evoluirmos.

Na maioria das vezes que analiso uma situação como codependência afetiva, a pessoa ainda não chegou a tantos extremos como os narrados aqui, mas já podemos detectar que algo vai errado quando a pessoa sente a necessidade de mudar o parceiro e controlar sua vida o tempo inteiro. Ela reclama muito da relação, pontua 100 negativas para 10 bons quesitos, costuma querer se eximir de culpa, mas insiste que tudo que faz é por "amor". Por cuidado, preocupação. Se um relacionamento é tão ruim e problemático, por que insistir nele? Eis a grande questão.

Muita gente acha que pode mudar o parceiro ou que o tempo vai resolver as coisas sozinho, mas isso é uma inverdade. O amor só é capaz de mudar a quem se sente tocado por ele. A quem se deixa transformar. Ninguém pode pegar a outra pessoa pelo braço e falar "Senta aí que agora vou te dar muito amor e você vai me amar de volta e deixar de ser desse jeito." Essa cura milagrosa NÃO EXISTE; no máximo, nos acostumamos a esse tipo de relacionamento com o tempo.

Aceite os fatos. Aceite o parceiro como ele é ou caia fora. Você pode viver com respiração mecânica? Pode. Por um tempo, mas não para sempre.

Da mesma forma te pergunto sobre o amor. Você poderia viver recebendo um amor mecânico, forçado, difícil?

Pode por um tempo, não para sempre! Ao respirar, se descuidar um pouquinho, pode lhe faltar ar. Do mesmo jeito, se descuidar um pouquinho, terá a impressão de que lhe falta amor.

Amor tem de ser fluido. Automático, involuntário. Não se pode cobrar amor o tempo todo de outra pessoa. Podemos, no máximo, exigir atitudes e olhe lá, mas sentimentos... nunca. Ninguém ama por obrigação, chantagem ou por querer. Amor não se impõe, não se retira, nem agradece.

Imagine se tivéssemos que ficar, a todo instante, nos lembrando que temos que respirar. Fazendo força para puxar o ar, nos esquecendo. Te parece improvável?

Então, da mesma maneira, seria muito difícil estar com uma pessoa que te ignore, que você precisa, o tempo inteiro, lembrá-la de que você existe. Que está ali, que **precisa** de atenção.

Ninguém vive bem com oxigenação reduzida. Causa danos irreversíveis.

Exatamente como o amor. Ninguém vive bem com sentimentos reduzidos, com amor escasso. Causa danos irreversíveis. Não dá para viver esperando atitudes que não vêm. Pois atitudes só existem onde há INTENÇÃO. Se o outro não faz, é porque para ele está bom desse jeito. É porque ele não sente a necessidade e não tem VONTADE. É de fácil compreensão, nós é que forçamos a barra muitas vezes. Mas não dá pra viver exigindo reciprocidade. Forçando uma falsa cumplicidade, anulando as próprias vontades, para tentar se enquadrar no que não se é o ideal.

E o ideal de AMOR é variável e pessoal. E intransferível.

O que se pode fazer é se conformar e tentar viver desse jeito, de qualquer jeito. Mas por que você iria querer tal sofrimento para si? Você se conformaria em viver respirando mal, por indução, sabendo que oxigênio é algo abundante neste planeta?

Portanto, se você não está recebendo o que gostaria, vá em busca de alguém com o ideal romântico mais próximo ao seu.

Me sinto no dever de alertar aqui para as várias formas de relações abusivas que existem. Nem sempre o codependente é um parceiro abusivo, e a diferença se dá porque dependência emocional está inclusa na categoria de desordens psíquicas, é um transtorno emocional e muitas vezes é involuntário, a pessoa nem sequer sabe que sofre disso e, por este motivo, às vezes, não sabe a proporção do mal que está causando ao parceiro. Já em um relacionamento abusivo, o abusador sabe muito bem o que está fazendo, sente prazer naquilo. Ele não é necessariamente codependente. Normalmente são pessoas frias, calculistas ao extremo e violentas por natureza. O que é considerado como traço de personalidade, não como um transtorno emocional passível de tratamento e eventual melhora ou cura. Que deixemos bem claro. O codependente emocional geralmente é o mais afetado e o que mais sofre. E em um relacionamento abusivo o intuito do abusador é fazer seu parceiro sofrer, já que ele próprio não sente culpa, remorso ou nenhum tipo de sentimento de equivalência à "vítima".

E assim como na codependência, nós também temos alguns indícios fortes de relacionamentos abusivos, que são os mais comuns e, por isso, os mais fáceis de serem identificados.

Acredito que a fase 1 de um relacionamento abusivo seja marcada pelo Encantamento. Vou narrar uma pequena história e veja se você se identifica ou conhece alguém que está passando por isso. Você conhece uma pessoa, normalmente com um jeito um pouco tímido ao lidar e falar conosco, sempre muito atenciosa, parece até que gosta mais de ouvir do que de falar. Ela se mostra logo apaixonada e faz questão rapidamente de te mostrar isso. Como esse comportamento é diferente do das outras pessoas, a gente logo se encanta, afinal, foi justamente isso que buscamos a vida inteira: Alguém apaixonado, que não tem medo de demonstrar seus sentimentos, uma pessoa tão sincera e romântica merece uma chance, não é? E, assim, nos deixamos envolver, acreditamos, finalmente, termos encontrado A pessoa certa, o amor de nossas vidas. E aí vem a fase 2, que seria o Êxtase. Em meio a esta fase de encantamento e no auge da paixão, estamos em êxtase! Não percebemos e, mais ainda, relevamos todo e qualquer comportamento "suspeito" de nosso príncipe ou princesa. Ele não quer que você saia com aquele vestido coladinho? Ou que você dê carona para a sua colega de trabalho? Ah, tudo bem, é só ciuminho bobo, que lindo, ele(a) está mesmo apaixonado!

Ele não quer que você abrace seus amigos? Tudo bem... é um direito dele, que é muito respeitador!

Ele disse que a sua melhor amiga anda olhando esquisito para ele. Puxa, ela não é quem você achava que fosse, né? Que maravilha ter um cara ou uma mulher tão fiel e honesto ao seu lado, a ponto de te mostrar quem são verdadeiramente as pessoas que você chamou de "amigos" a vida inteira.

No êxtase tudo é lindo!

E, por isso mesmo, a fase 3 é a da Negação!

Repare, só **VOCÊ** está vivendo no êxtase! Teu príncipe ou princesa é calculista e manipulador, não se deixa levar facilmente pelas emoções.

Então, aos poucos, teus – até então – amigos começam a vir querer conversar, dizendo que você se afastou depois que começou a se relacionar com ele. Te dizem que ele não está deixando você ter amizade. E você responde o quê? NEGA! Fica com raiva, briga com o mundo inteiro e acredita que ninguém mais é capaz de te compreender, como ELE faz. Ele, por sua vez, te apoia... diz que inveja é um troço muito ruim, mas que você não se preocupe por ter se afastado dessas pessoas do mal, porque, afinal, você tem a ele! E o amor de vocês basta! Por isso tudo é que a fase 4 é a Depressão.

Aos poucos, AQUELA pessoa alegre, comunicativa, bem-disposta, produzida e bonita que você era, sumiu...

Você não se reconhece mais. Não sabe o que está havendo consigo mesmo. Você se afastou dos seus melhores amigos e até brigou com seus familiares que tentaram te alertar do comportamento dominador do seu amor.

Você agora está cada vez mais sozinha e isolada das pessoas.

Já não tem muita vontade de sair e de socializar com ninguém. Teu "príncipe" ou "princesa" continua a vidinha dele, e cada vez mais "preocupado" (leia-se DOMINADOR) com você. Te diz para não usar tanta maquiagem porque você já é linda e não precisa disso. Te impede e chantageia quando você diz que precisa sair, que precisa retomar o contato com as pessoas. Ele se faz de VÍTIMA todas as vezes que você TENTA sair do fundo do poço onde ele te jogou.

E quanto mais depressiva, feia e afastada das pessoas você fica, mais feliz ele vive. É nesse ponto, então, que ele se torna violento, pois você começa a se debater querendo voltar para a VIDA, querendo sair da depressão, querendo sua independência de volta e ele não aceita! Ele te agride, te ofende, te coloca pra baixo. Arrasa completamente com a sua autoestima.

E então vem a fase 5: A Dúvida e a Culpa.

Depois de cada ataque e explosão dele ou dela, eles voltam implorando perdão. Dizendo que vão mudar e dando 1.247 justificativas para esse comportamento "ATÍPICO" que eles tiveram.

"SERÁ"? Você se pergunta. E mesmo com o mundo te dizendo corra, seu coração implora por mais uma chance. "Desta vez vai ser diferente."

E vai mesmo.

Vai ser PIOR. Pois agora ele sabe que pode fazer o que quiser que você continuará implorando e perdoando. E cada vez mais vai piorando.

E então, finalmente, vem a culpa. Ah... como ela é pesada!

A culpa é monstra.

COMO VOCÊ NÃO ENXERGOU ISSO TUDO ANTES?! COMO VOCÊ FOI IDIOTA!

COMO VOCÊ ACREDITOU NELE?!

Amiga/amigo, o errado, o louco, o desequilibrado, é ELE.

Você deu todas as chances até agora, porque você tem coração. Fé. E bondade. Porque você acredita no ser humano. E eu te peço, por favor, que não deixe de ser assim!

Não deixe uma pessoa dessas levar tudo o que há de melhor dentro de você.

É normal você se sentir culpada. Culpada por todas as agressões e humilhações; culpada por ter perdido tanto tempo; por ter brigado com as pessoas que mais te amam.

Mas você esteve padecendo de um mal. Sua alma e mente estiveram doentes, aprisionadas. Drenadas por um vampiro psíquico. As pessoas que realmente te amam, entendem isso e perdoam.

VOCÊ é cercada de amor.

Os dignos de pena são eles.

Não é fácil abandonar um relacionamento abusivo quando se está apaixonada. É dolorido. Penoso. Como um câncer que se alastra por todo nosso corpo.

E, como no caso anterior, muitas vezes nós nem conseguimos identificar que estamos dentro de uma relação dessas. Eu já passei por situação similar e te digo: É difícil se dar conta que já passou do limite. Eu achava que éramos "apenas um casal difícil". Eu achava que éramos "apenas diferentes" e com "gênios fortes" e que por isso brigávamos demais.

Quem está dentro muitas vezes demora muito para aceitar o que as pessoas de fora falam e alertam. A gente reluta muito. Por uma série de motivos pessoais, acredito eu. A gente reluta em acreditar que tal situação, que tanto ouvimos falar, está acontecendo com a gente, e muitas vezes quando nos damos conta já se passou muito tempo e estamos muito cansadas, com a nítida sensação de que não mais dispomos de forças para continuar... E, então, por mais um período de tempo nós nos entregamos, deixamos o barco correr, paramos até de querer lutar. Eu sei. É por isso que estou aqui, fazendo questão de escrever este livro. Para você, que assim como eu, é uma pessoa REAL. Uma pessoa que se entrega ao amor, que acredita, mesmo que neste instante você diga que não mais acredita no amor. Uma pessoa que quer encontrar um amor bom e real. Por isso estou aqui, para lembrá-la de que enquanto você não se livrar desse relacionamento ruim, das culpas que o seu coração carrega e das suas crenças limitantes inverídicas, você estará presa a si mesma, às suas próprias amarras e, desse jeito, impossibilitada de encontrar o AMOR que você merece.

CIÚME EXCESSIVO **NÃO** É PROVA DE AMOR.
SUBMISSÃO **NÃO** É COMPLACÊNCIA.
POSSE **NÃO** É CUIDADO.
AGRESSÃO **NUNCA** É "DE CABEÇA QUENTE".
AGRESSÃO É **SEMPRE** DE CASO PENSADO.
EXISTEM VÁRIOS TIPOS DE AGRESSÃO.

Mantenha isso em mente. Nem toda agressão é física e explícita, e algumas vezes nós mesmos somos os causadores dessas agressões e não percebemos. Muitas vezes jogamos nossas pesadas cargas de inseguranças e problemas em cima do parceiro querendo que ele resolva e organize tudo por nós. Muitas vezes nós sofremos e somos magoadas pelas nossas próprias expectativas. Pense um pouco a respeito.

Sempre ouço as pessoas falando: "Ame alguém que o faça querer ser sempre melhor" e "ame alguém que o levante e o leve para frente". Ok. Reconheço que ambas as frases são bonitas e têm sua utilidade.

Mas sempre me perguntei: Por que não amar alguém que faça com que eu ame quem eu sou, exatamente desse jeito?

Às vezes a gente está legal onde está, então, por que não amar alguém que se sente ao nosso lado. Só isso... sem a necessidade de nos tirar de onde estamos e nos levar pra frente a todo custo.

Por que não amar alguém que o faça querer ser nada além de... VOCÊ?

Eu já amei os dois tipos de pessoas descritas nestas frases. No primeiro caso, eu nunca me achava boa o suficiente. Estava sempre tentando me superar e conquistar altos resultados com excelente desempenho e performance fantástica, pior que meta mensal de *call center*. E nunca estava bom. Porque eu sempre poderia ser melhor... e cansei. Cansei do segundo tipo também, que não me respeita ao ponto de me deixar quieta onde estou. Não ocorre às pessoas que talvez estejamos onde estamos porque queremos?

Nunca encontrei alguém que dissesse: "Eu fico", "Aqui está bom" e "Eu estou feliz desse jeito".

As pessoas perdem tanto tempo tentando sair do lugar, pensando somente num futuro que pode nem chegar... mas poucas são as pessoas que se alegram com o fato de estarem onde estão.

Eu não quero alguém que me ensine a ser mais paciente, a comer mais saudavelmente e a dirigir.

Não... Eu quero alguém que não tire tanto a minha paciência (risos!), que me permita ser quem eu sou e que me deixe comer uma caixa de bombons sem culpa na TPM e que entenda o fato de eu não gostar de dirigir.

Está entendendo a diferença?

Aceitar o outro, verdadeiramente como ele é, é a maior prova de amor e demonstração de respeito que pode existir.

Não estou dizendo que não se deve preocupar ou querer ajudar e melhorar a vida do outro, só estou dizendo que nem sempre o outro precisa seguir os NOSSOS padrões e acatar tudo que NÓS julgamos melhor e correto.

Às vezes o outro aceita e faz para nos agradar, mas viver sem ter que se preocupar em agradar o tempo inteiro é a melhor felicidade que conheço.

Poder ter seus dias de fúria e encontrar respaldo no companheiro é fantástico! Poder ter seus dias tristes sem precisar dar inúmeras explicações e poder chorar, sem vergonha, e encontrar um ombro a postos é maravilhoso!

Poder rir e gargalhar com uma besteira qualquer, sem se achar bobo, é incrível!

Poder estar diva e empoderada em cima de um salto, com um vestido curto, ou estar de meia e pijama largado, sem maquiagem alguma e ainda assim se sentir bonita e amada, não tem preço.

Ser acolhida e aceita sem "mas", sem "condições" e sem "porém" é, definitivamente, a melhor sensação deste mundo.

Estar com alguém que lhe estimula a ser quem você é, todos os dias, que não almeja que você mude nem o enquadre em qualquer forma pré-moldada, é surreal! Se encontrou essa pessoa, nunca, nunca a deixe ir.

Porque é fácil a gente falar para alguém que está na lona: "Levanta daí! Vamos! Você consegue", pois estamos vendo tudo do lado de fora do ringue. Difícil é encontrar quem caia contigo e quem fique ao seu lado até você se recuperar e estar pronta para outra. Difícil é achar quem não queria barganhar gratidão e duelar para ter razão.

Difícil é encontrar quem confie em você e a apoie, sem pensar no benefício próprio. Difícil é encontrar quem abra mão do trono e das convenções, para ser plebeu contigo.

Por isso, ame alguém que a faça amar quem você é, quem a faça aceitar com menos raiva, seus defeitos. Quem enalteça todas as suas qualidades, sem medo de se diminuir. Quem brinda ao seu sucesso sem medo de a perder. Ame alguém que esteja ao seu lado sem a sufocar. Que a respeite ao ponto de deixá-la ir e que, desta forma, você sinta cada vez mais vontade de ficar.

Ame alguém que a faça sentir orgulho da sua história e de toda a sua luta até aqui.

Alguém que não somente a ponha para cima, mas que saiba que a vida é feita de altos e baixos e que esteja disposto a encarar os baixos contigo.

Alguém que não lhe tire do sério a todo momento, mas que não permita que você viva sem humor. Alguém que não use seus pontos fracos contra você. Alguém que acolha sua alma, seus anseios e receios, como casa de vó. Alguém que o conforte só com o olhar. Que você saiba que o mundo pode vir abaixo, que ele estará lá.

Ame alguém que sinta tua falta, e que sinta falta de si mesmo quando vocês não estão juntos, pois este é o indicativo que você também proporciona isso a alguém: A LIBERDADE DE SER QUEM SE É.

Se os defeitos muito lhe incomodam, não tente mudá-los a todo custo. Defeitos todos temos e acredito que amar é acolher também os defeitos do outro, e aprender a conviver com eles, desde que isso não nos fira a dignidade e nossos princípios mais primordiais, morais e éticos.

Vá em busca de uma pessoa mais parecida com você. Isso se chama comprometimento emocional: não jogar no outro culpas que não lhe cabem, só porque ele não é como **VOCÊ** quer. O que pode ser um defeito para você, pode ser uma qualidade para outra pessoa. Portanto, não pegue culpas que não são suas.

Se você está vendo que não está "dando conta" de suprir as necessidades alheias, não é porque VOCÊ é incapaz, mas sim porque o OUTRO tem necessidades demais, que não competem a você. Compreender isso nos salva de muito sofrimento desnecessário.

Poupa-nos tempo útil de vida. Se está pesado é porque não é a medida certa para você.

Ame alguém que seja a sua medida. Não que o transborde. Nem que lhe falte nem que lhe sobre. Mas que o deixe absolutamente à vontade e confortável consigo mesmo.

Que você não pense o tempo todo: "Eu preciso ser melhor!", mas que você durma com a certeza: "Eu FAÇO o meu melhor" e saiba que isto é o suficiente para quem está ao seu lado. E, principalmente, SEJA ESSA PESSOA PARA **VOCÊ**.

Fazendo as pazes consigo

Se você acha que o amor está escasso, então ele está escasso. Você não tem se dado amor suficiente, pois ninguém que se ame verdadeiramente tem essa sensação de escassez. Você pode me dizer "Mas, Bruna, eu me amo sim, me acho bonita, me cuido, tento sempre estar em forma". E eu digo que isso é ótimo, mas não supre o amor que precisamos, que desejamos. Você diz que se cuida, mas vive estressada em um trabalho que não gosta, ganhando menos do que julga ser o justo e trabalhando mais do que gostaria. Você se acha bonita, mas sempre coloca empecilhos para engatar um relacionamento. Você cuida do seu corpo, mas não da sua alma, como deveria. Você pratica exercícios, mas seus neurônios estão cansados.

Você se ama, mas não mantém bons hábitos alimentares... Se preocupa com sua aparência, mas não dorme bem à noite. Você gosta de você mesma, mas raramente tem TEMPO para esse romance.

Você acha que possui aspectos que pode melhorar e quer melhorar, do fundo do seu coração. Mas vive ocupada demais correndo atrás do sustento, das contas que não fecham direito no fim do mês. Você prioriza seus filhos, seu parceiro, seus pais. E se deixa sempre na promessa furada. Nem você acredita mais em você mesma, nos planos que faz, nas metas que se coloca todo começo de mês, começo de ano ou segundas-feiras. Dessa forma, seu caso consigo fica abalado. Quando você se dá conta, já se esqueceu. Adiou as sessões de acupuntura; pagou a academia, mas não foi. Fez seus exames, mas não levou os resultados. Você se prometeu folga e foi fazer os outros felizes. Trocou de carro, mas não trocou a armação dos óculos. Você programou a viagem de férias, mas a alma não embarcou.

Está entendendo? Como num casamento de muito tempo, onde a rotina e os deveres superam os prazeres e os casais se tornam estranhos um para o outro. Quando se vê, a cumplicidade acabou. O relacionamento virou um mero negócio, uma sociedade, assim como em qualquer empresa, onde ninguém quer sair pois dá muito trabalho, é burocrático e requer muita energia – então vai se levando...

Até quando você vai continuar se levando?

Até o estresse e as doenças psicossomáticas te derrubarem? Até a sua falta de amor e amizade por si própria te sabotarem e te confinarem à solidão que você tanto reclama?

Nós somos nossos maiores sabotadores. E nós fazemos coisas conosco que ninguém acredita! Queremos nos adestrar, nos colocar nos trilhos e justificar para nós mesmas dizendo "A vida é assim". Nos forçamos a ficar anos e anos em um emprego onde nos sentimos desvalorizados, muitas vezes abafamos o nosso dom, ignoramos por completo os apelos da nossa alma. Somos demasiado rígidos conosco. Aguentamos relações tóxicas pois acreditamos ser nossa obrigação, não damos um "chega pra lá" no parente que nos suga as energias, nos colegas que só querem tirar vantagem, nos "amigos" falsos. Seguimos a cartilha do "bom cidadão" e, quando escorregamos, porque nós escorregamos, uma vez que somos humanos e estamos aqui neste plano físico em busca da evolução e da perfeição que AINDA NÃO atingimos, não nos relevamos! Não damos risada de nós mesmos, não abrimos um vinho em nossa própria companhia.

Adiantei páginas atrás que eu vivi um relacionamento muito penoso certa vez, e que só consegui reunir as forças necessárias para sair desse relacionamento e da areia movediça que tinha me metido quando me reencontrei comigo e voltei a me amar. Não foi mesmo um reencontro fácil. Demorei anos vagando por aí, como um corpo sem alma, que vivia por viver, sem ter ALEGRIA e prazer. Chegou a um ponto que não tinha mais a ver com dinheiro, eu estava em um momento financeiro confortável, não era isso. Não era mais sobre o meu companheiro e seu modo de encarar nosso relacionamento. Não era mais sobre o lugar onde estávamos, sobre os planos que não tinham dado certo. Não era sobre a ansiedade do que estava por vir, dos objetivos ainda não alcançados. Não era sobre beleza, juventude; não era sobre ter. Era sobre SER. Eu não me reconhecia mais. Me perguntava a todo momento onde eu estava. Onde aquela pessoa simpática, dócil e otimista havia ido parar? Eu disporia de qualquer quantia, me abalaria a outro mundo, passaria por cima de qualquer um, para me reencontrar.

Eu viajava, mudava o cabelo, comprava roupas novas. Recebia elogios, seguia o trabalho que eu gostava de executar, tinha a vida agitada e organizada, mas não sentia mais BEM-ESTAR. Não tinha mais aquela sensação de conforto, de segurança, de TRANQUILIDADE. Era um ser intranquilo, independente de onde estivesse.

Me recordo que nessa fase, que foi muito difícil para mim, eu desenvolvi algumas crises de pânico e alta ansiedade e fui parar no pronto-socorro mais de uma vez, onde me deram calmantes na veia para que eu pudesse dormir – e, quando acordava, tinha a nítida sensação de que havia sido atropelada por um trem. Nessa época, procurei um neurologista e me lembro que ele fez algumas perguntas curiosas na consulta. Perguntou-me onde estavam meus pais (na Bahia), se eu gostava de mar (amo), a quanto tempo eu não os visitava (2 anos), que horas eu dormia e que horas eu acordava (na época, o quanto e quando desse) e se eu tinha o hábito de ingerir bebidas alcóolicas regularmente (não). Respondi tudo achando esquisito e ele então me disse: "Bruna, a maioria dos meus pacientes hoje em dia tem a sua faixa etária (26 anos na época). São pessoas que me pedem remédios para dormir e para acordar. Para sentirem prazer e para frearem seus ímpetos. Para diminuírem o apetite e para controlarem o humor. Essas pessoas têm absoluta certeza de que não são capazes de gerir as próprias vidas, elas já se largaram. Elas não se amam, só se aguentam. Eu vou te passar uma receita com um remédio tarja preta, que provavelmente, assim como meus outros pacientes, você vai gostar se tomar e vai querer mais quando acabar a caixa. Mas remédio nenhum resolve uma vida."

Essa conversa, assim como a receita que ele me deu, causou-me um impacto. Fiquei com a frase ecoando na minha cabeça durante todo aquele dia: "Elas não se amam, só se aguentam". Era, nitidamente, meu caso. Como eu iria amar uma mulher que havia se tornado alguém tão sem graça? Sem sal? Monocromática. Tão distante de mim mesma. Previsível. Como eu iria amar uma pessoa que não fazia nada de bom por mim? Que só me cobrava atitudes o tempo inteiro. Que me forçava a rir quando não queria, que sentia raiva quando chorava sozinha no banheiro para ninguém escutar. Uma pessoa que não via os próprios pais há 2 anos, alguém que havia me tirado toda a alegria de viver! Que não me levava para ver o mar que tanto amava, que não me dava uma *piña colada* que fosse... que não colocava mais um Rolling Stones para tocar. COMO amar alguém que não sentia mais o menor tesão na vida?

Meu neurologista colocou ao final da receita: "Duas semanas junto com a família na Bahia". Juro por Deus! Guardei comigo essa receita até pouco tempo atrás. Era tão evidente assim o meu problema?

Fiz todos os exames que podia e não apontaram problema algum. Nas sessões de terapia, as poucas que fiz, resumia tudo jogando a culpa em meu companheiro. A esta altura, alternava minha intensa rotina de trabalho e cuidados com as crianças e casa, com crises noturnas de pânico. Eu vivia cansada, com olheiras escuras e me via sozinha, completamente sozinha, num barco à deriva em meio a uma tempestade. Por mais que eu dormisse, por mais que me alimentasse, por mais que me enchesse de vitaminas de A a Z e energéticos, cafeína e relaxantes musculares, o cansaço, a falta de memória e a apatia, não me deixavam.

"Elas não se amam, só se aguentam." Era a frase exata para mim. "Ele é um sábio guru", pensei, a respeito do meu médico. Mas não destrinchei a frase com tudo que ela queria dizer. Eu só concordei com ela neste primeiro momento. Fui levando, afinal, a vida não podia parar. Meus únicos momentos de lazer eram ao lado das crianças, e um lazer totalmente focado nelas. Íamos muito ao *shopping*, parques, bibliotecas, mas eu não tinha nem ânimo nem muito menos tempo para ler um livro. E pensava comigo, "estou fazendo o melhor que posso, eu as amo e farei sempre tudo por elas". Mesmo sem vontade alguma de sair, de me arrumar, de enfrentar um trânsito caótico e filas intermináveis, eu sempre ia, por elas. Porque acreditava, com todas as forças, que desta forma estaria fazendo o bem para elas, e elas estariam felizes e a felicidade delas me bastava.

Em conversa com amigos, a maioria me dizia: "a vida é isso mesmo, toma um remedinho que melhora". "Relacionamento? Relacionamento é isso mesmo! Arruma uma paquera que melhora!". "Trabalho? Xiii... trabalho, é isso mesmo. Tenta tirar um dia de folga que melhora".

Mas não melhorava! Me vi, então, à beira de uma depressão. Tomei o remédio receitado e tive efeitos colaterais horríveis, dei entrada na emergência com o coração a 171 bpm; colocaram uma fitinha vermelha no meu braço e fui direto fazer um eletrocardiograma. Era véspera de Natal, e pedi que não me dessem mais calmante, pois precisava justamente sair dessa tristeza, levantar e ir fazer as coisas! E quantas coisas eu tinha pra fazer! Tinha o trabalho para terminar antes de sair de férias, tinha os presentes, ritos, protocolos, ceias, visitas, sorrisos e fotos para dar... e, em breve, começaria um novo ano.

Fiquei durante dois dias muito mal por conta do remédio, voltando ao hospital para tomar soro para ajudar a diluir e amenizar os efeitos no organismo. E nesses dois dias eu fiquei em casa, comigo mesma. Teve uma hora que me olhei no espelho e disse "Nossa, como estou feia!", e pensei, rapidamente, na sequência: "vou marcar uma hora no salão e comprar umas maquiagens novas" – mas nem me levei muito a sério. O que aconteceu nesses dias? NADA.

Para minha absoluta surpresa e espanto, NADA aconteceu. Apresentei o atestado no trabalho e eles seguiram sem mim. Não preparei minha ceia de Natal e fomos jantar na casa de parentes. Não embrulhei todos os presentes, mas eles agradaram assim mesmo. Não comprei uma roupa nova para mim, mas achei um vestido perdido no meu armário que me serviu muito bem. Não levei as crianças para ver o Papai Noel pela 8.765ª vez e elas estavam felizes, brincando com os primos. O Sol nasceu da mesma forma. As horas no relógio pareciam seguir iguais. Por alguns minutos isso tudo me causou uma angustia gélida na espinha, e pensei: "Não sou importante para ninguém". Mas, pera lá, não era verdade. Eu era importante para quem me amava e estava sendo importante e fazendo falta para MIM, pois as pessoas continuavam a me ter. Todo mundo podia contar comigo, menos eu.

Penando de uma dor nas costas terrível, proveniente da minha falta de exercícios físicos, movimentos mal executados e uma postura péssima, que me gerou uma inflamação no trapézio, segui as recomendações ortopédicas e marquei uma sessão de acupuntura. O terapeuta me disse que espetaria algumas agulhinhas nos meus dedos para aliviar as tensões e eu perguntei, num tom de brincadeira, "Puxa, dá pra perceber que estou tensa?", e ele respondeu, sorrindo, "Se não fosse pelo semblante enrugado da sua testa, eu nem notaria!". Bem... eu já nem notava mais que andava por aí com o semblante enrugado e uma cara de mau humor iminente, mas fazia todo sentido! Ao fim dos meus 50 minutos de sessão, saí me sentindo outra pessoa! As costas ainda doíam, mas a alma não doía mais tanto. Precisei de mais algumas sessões e, para falar a verdade, me viciei nelas! Para poder encaixá-las, tive que remanejar meus horários e um pouco da rotina familiar, mas não queria abrir mão de algo que me fez sentir tão bem, como há tempos não me sentia. E acho que desse processo vieram as mudanças seguintes; em pouco tempo troquei de emprego, quer dizer, na verdade continuei na minha função, porém, diminui bastante a minha carga horária, fato que reduziu meus ganhos, mas que me foi totalmente proporcional e vital na época. Trabalhando menos, consegui mais tempo com as crianças e já não me sentia mais tão culpada e desesperada para oferecer a elas atividades e lazer fantástico, na tentativa de suprir a falta que eu fazia em casa todos os dias – além de meu cansaço e falta de disposição nas horas em que estava em casa. Mas uma coisa ainda me tirava o sono: Meu relacionamento afetivo. Ou "desafetivo", melhor dizendo!

Eu ainda me sentia frágil e tinha medo de ter medo de novo, de ter crises de ansiedade, sentia medo de não dar conta de mudar tantas coisas que eram necessárias. E se eu não desse conta das contas? Se eu não desse conta de mim? Mas eu passaria a vida toda acorrentada ao "E se"?

Precisei ir ao fundo do meu poço para reagir. Eu levei meu corpo e mente ao extremo, pois não tinha a dimensão de que só eu poderia me proteger e me dar tudo que estava me faltando.

Eu não era presa àquele emprego! Eu não era presa ao meu companheiro. Eu não tinha raízes fortes fincadas ao chão! Se eu tivesse morrido naquele dia, na emergência do hospital, o mundo continuaria existindo. Portanto, não adiantava mais eu me punir pelo passado, pelas atitudes que não havia tido, por tudo que havia deixado de fazer. Ainda era tempo de tomar as rédeas da minha vida e eu só consegui fazer isso quando me perdoei. E só me perdoei quando me aceitei. E só me ACEITEI quando alimentei o – até então – desnutrido amor por mim.

Ter ido às sessões de acupuntura foi um gesto de amor. Ter parado para me cuidar, ter diminuído o ritmo, foram gestos de amor. Eu fui mudando a minha visão de mim. Eu estava feia? Eu estava cansada? Prometi que iríamos resolver aquilo. E junto com a acupuntura fui procurar outras atividades que me promovessem bem-estar. Fui me testando e analisando as necessidades do meu corpo. Quantas horas eu precisava dormir para ficar bem, que tipo de comida me dava enxaqueca, que tipo de comida auxiliava meu intestino. Fui, aos poucos, reanimando o meu amor por mim outra vez e, quando comecei a sentir que estava me recuperando, comecei a perceber alguns olhares e sorrisos com segundas intenções. Então pensei: "Quem sabe, para o mundo, eu não esteja tão mal assim? Por que venho fazendo uma ideia tão horrenda e negativa de mim mesma, muito pior do que as outras pessoas veem?" Você já se deu conta disso? Que pode estar deturpando a sua imagem real perante o reflexo do espelho? Eu sequer reparava, muito menos permitia, nessa fase, galanteios de qualquer pessoa, porque EU julgava ridículo! Como alguém se interessaria por mim? Eu estava um caco. Mas eu estava um caco pior ainda por dentro. Eu estava me vendo sob a óptica da culpa, da depressão, da melancolia. Mas nem todo mundo estava me enxergando dessa forma. Por que não, então, me dar UM único voto de confiança?

O reflexo é só um reflexo, ele não pode mudar a menos que VOCÊ mude. Você está refletindo, neste momento, os teus piores medos e fraquezas. Talvez uma dor de um amor não curada, talvez a dor de um amor que nunca veio ou quem sabe tentando superar a si própria e se convencer de que você merece UM AMOR BOM...? Eu não sou capaz disso... Eu não posso convencer você. Você é a única que pode.

Substituindo o desprezo pelo respeito, me dei conta de que o RESPEITO é o combustível do amor. É a matéria-prima do amor próprio. É a lenha da fogueira Universal. O respeito transforma nossas relações interpessoais, nossos conflitos internos, ameniza o caos do mundo. Promove profunda paz e elevação de espírito.

Quando digo "Eu não concordo, mas RESPEITO você", estou automaticamente acabando com qualquer possibilidade de conflito. Eu respeito o seu espaço. Respeito a sua opinião. Respeito a sua história, o seu passado. Eu respeito a sua origem e o seu direito de lutar pelo que acha justo. Mas somente somos capazes de oferecer sincero respeito ao mundo e às demais pessoas, quando esse respeito foi gerado e nasceu dentro de nós.

Quando respeitamos conseguimos compreender melhor. Eu respeito a natureza e o ecossistema do nosso planeta. Respeito as estações do ano, mesmo não gostando muito do inverno. Respeito a chuva, mesmo preferindo dias ensolarados. Pois eu sei que isso tudo é vital para nossa sobrevivência. Eu respeito os insetos, os animais, as adversidades. Mesmo não as compreendendo. Respeito todas as religiões, mesmo não concordando com algumas. Eu respeito quem gosta de bife de fígado, mesmo achando a pior comida que existe!

Eu passei a respeitar a minha história. E sugiro que você comece a fazer o mesmo. Que você pare de odiar o seu corpo e as imperfeições que você acha ter e comece a respeitar a história do seu corpo. O corpo também tem uma história própria e talvez você não o esteja tratando muito bem ultimamente. Mas ele te perdoa, perdoe-o também. Respeite o tempo e as lembranças do teu coração. Não mais o culpe por ter amado demais ou de menos, por não ter conseguido esquecer o que a tua mente gostaria, por se lembrar de tudo como deveria. Respeite a sua mente, as suas escolhas, mesmo que não tenham sido as melhores – antes ser capaz de escolher, do que viver numa eterna indecisão. Respeite os seus limites, o seu cansaço e a velocidade dos seus atos e passos. Respeite a sua alma e toda a bagagem que ela traz consigo. Respeite a sua ancestralidade e a sua família. Respeite a opinião do seu EU e acate seus desejos sempre que possível. Você precisa ter em mente de que se cuidar é um ato de amor e tanto. Se você ama muito alguém, ama um filho, ama um pai ou uma mãe, ama muito as pessoas que te cercam, se cuide para poder continuar cuidando delas. Priorizar-se não é ser egoísta, é um gesto altamente altruísta. Como você pode doar algo que não possui? Se você não estiver bem, não conseguirá deixar ninguém bem. Eu fiz muitos sacrifícios achando que era o melhor para as minhas filhas e só me dei conta de que elas sofriam junto comigo, quando, já de volta à Bahia e terminado o meu relacionamento, minha filha mais velha disse "Puxa, mãe, faz tempo que eu não via você rir desse jeito. Você fica linda sorrindo!" Me deu uma pontada lá no coração e então vi o quanto nós, mães e pais, somos importantes para eles e o quanto o nosso estado de espírito os afeta diretamente, mesmo a gente achando que não. Eles sentem tudo. E posso afirmar que a relação com as minhas meninas melhorou muito quando fiz as pazes comigo.

Respeite as suas cicatrizes, as físicas e as da alma; tudo pelo que você passou, pois foram as escolhas, mesmo as erradas, foram as pedras no caminho, foram as pessoas difíceis, que moldaram a pessoa que você é hoje, que contribuíram para o seu amadurecimento. Respeite suas fraquezas. Saiba do teu imenso valor. E aprenda a agregar este valor a você, a afirmar para si todas as suas qualidades.

Faça isso diariamente, se preciso liste suas qualidades. Volte ao nosso amigo espelho, se encare de frente e diga o quanto se orgulha de ser uma pessoa honesta, íntegra, sincera, amiga, forte, resiliente.

Faça as pazes consigo e desta forma você fará as pazes com o mundo.

Você vai perceber que a maioria das coisas que acontecem conosco é porque NÓS permitimos, porque nós julgamos que merecemos, mesmo que inconscientemente. **Metade dos problemas é causada pela falta de amor próprio.**

Lembre-se do que meu neurologista disse: "A maioria das pessoas não se ama, só se aguenta". Porque quando nós nos amamos e somos prioridade em nossas próprias vidas, não aceitamos, de ninguém, nada menos do que sabemos que valemos. Nós não aceitamos mais uma relação sem o respeito que nutrimos por nós. Não aceitamos mais carregar as culpas do mundo nas costas. Não aceitamos mais esse chefe abusivo em um emprego que leva nossa saúde embora. Não nos prendemos mais onde não cabemos. Não entramos em moldes dos outros para satisfazer ninguém. Porque primeiro vem o nosso prazer, depois, de todo o resto. Orgulho nem sempre é um defeito, certas vezes é um escudo de autodefesa.

Você pode estar pensando que é discurso de uma pessoa egocêntrica, mas eu te digo que é discurso de uma pessoa que ama demais e, por isso mesmo, tem a necessidade de se guardar um pouquinho. É discurso de quem se apaixonou irremediavelmente por si.

Se trate bem, tenho certeza que você é a parte que está faltando na sua vida, neste exato momento! Pare de apenas se tolerar e passe a se amar, deliberadamente. Não tenha vergonha de dizer EU ME CELEBRO! EU ME PERDOO! EU ME RESPEITO! EU ME ASSUMO! EU ME AMO! E assuma-se mesmo! Assuma suas curvas. Não só as do seu corpo, mas as do seu sorriso mais espontâneo, aquele que curvamos a barriga de tanto rir! Assuma as curvas das suas ideias. Ninguém é retilíneo o tempo todo, a vida toda. Pessoas muito retilíneas são previsíveis e entediantes, assuma as curvas da sua personalidade. Assuma as suas rugas ao sorrir, por que não? Nada é mais bonito que um sorriso sincero. Assuma que você já não veste mais o mesmo manequim de 5 anos atrás, está tudo bem, isso não quer dizer, obrigatoriamente, que você está pior, quer dizer apenas que você mudou. A vida muda a cada curva. Assuma as curvas da sua vida. Não tenha medo... depois de uma curva fechada pode estar uma paisagem deslumbrante. As curvas muitas vezes nos guardam surpresas... lembre-se que um bom piloto não teme as curvas. Junto com as curvas, assuma suas derrapadas! Só quem nunca derrapou numa curva é quem nunca dirigiu com verdadeira emoção! Mas assuma logo, de volta, sua direção. Assuma suas sardas! Você não precisa de maquiagem o tempo todo e, às vezes, o que é "perfeito" para uns, não é para outros, aposto que tem gente que vai se apaixonar perdidamente pelas suas sardas... Assuma suas lágrimas, também! Não fique tentando contê-las a todo custo. Chorar nem sempre é sinal de fraqueza, às vezes é só um jeito de limpar a alma. Assuma seu cabelo! Deixe-o respirar! Quando a gente se assume, o mundo nos assume também! E beleza estética não é NADA sem LUZ interior! E a felicidade é a lanterna mais potente! Assuma seus amores. E seus desamores também. Ué... deixar de amar também faz parte da vida, você não precisa ter culpa infinita por isso. Assuma teus quadris! SIM! Porque eu não sei quem foi o bobo que disse que temos de viver tentando os disfarçar e os camuflar a qualquer custo! Quadris têm gingado; têm malícia; têm DNA próprio. Refletem bem a personalidade única de cada uma de nós. Quadris têm poder, têm feitiços! Pague pra ver. Assuma seus quilos a mais se eles são decorrentes de felicidades a mais. Se eles, de fato, não te incomodam tanto quanto as pessoas dizem que eles devem incomodar. Nunca vire refém de si mesma e de uma ditadura moderna. Ser FELIZ é mais legal que ser magro à custa de sacrifícios. Assuma suas celulites. Sabe o que costuma encantar as pessoas? A originalidade! A felicidade! Esse é o tal "borogodó" que tanto falam por aí. Conheço pessoas lindíssimas, sem borogodó nenhum, que parecem meros quadros numa exposição. Quantas vezes você teve vontade de levar pra casa um quadro de um museu? Mas me diga quantas vezes você se encantou com a beleza de um desenho à mão livre de um artista de rua? Percebe a diferença? Traçados retos fazem formas perfeitas, simétricas, mas nunca farão desenhos lindos. Assuma seu traçado. Assuma suas tragédias pessoais. Primeiro, para si mesma, e então, depois, para o mundo. Assuma o seu passado e assuma de uma vez por todas que acabou. Que é só passado. E assuma rápido as rédeas da sua vida, daqui pra frente. Assuma-se e não suma mais de si mesma. Mas suma daí agora, se for para ser feliz. Assuma as curvas que os seus olhos fazem e as curvas que as tuas mãos querem fazer no corpo do ser amado. Assuma seu tesão, totalmente. Você ainda não sabe como é maravilhoso e LIBERTADOR fazer isso! E como é maravilhoso e libertador assumir TAMBÉM que você tem o total direito de deixar de sentir tesão a hora que bem entender. Sem ter que dar explicações ou desculpar-se por isso! Liberte-se e goze – o melhor da vida! Assuma as curvas que a tua silhueta faz ao dançar, mas, por favor, dance! Desconheço terapia melhor! Assuma seus seios. Pequenos ou grandes. Duros ou não. Use-os como fonte inesgotável de prazer e lembre-se de que quem tem neuras com eles são V-O-C-Ê, e mais ninguém! Assim como cada panelinha tem sua tampa perfeita, cada seio tem a mão que se encaixa perfeitamente. Se a atual não está encaixando, a culpa é dela, não sua. Uma hora você encontra o encaixe perfeito. Assuma-se de luz acesa. Assuma-se de coração aberto e de olhos fechados.

Assuma-se de cara. Assuma sua dor. Assuma todo o seu amor. Assuma-se sem roupas; sem pudores; sem disfarces. Assuma tuas mentiras. Mas, acima de tudo, assuma tuas verdades.

Assuma-se de saia curta ou de calça largada! Assuma-se do alto de um salto 15 cm ou de chinelos surrados. Assuma-se mulherzinha ou macho pra cacete! Assuma tua posição no jogo. Não há problema em assumir o que de fato se é. O grande perigo mora em passar camuflada toda uma vida. Quando a gente se assume na chincha, olho no olho, a vida fica mais leve. Só quando ASSUMIMOS conseguimos, de fato e mais rapidamente, seguir em frente. Não há coisa melhor do que dizer "OK, É ISSO", tirar os escombros de cima e limpar a poeira. Sim! A estrada para a felicidade também tem curvas, desvios e pedras no caminho. Mas cá entre nós, uma estrada reta cansa, não tem emoção alguma! Então assuma!

Foi assim que eu saí daquele relacionamento que tanto me desgastava e me fazia sofrer. Assumindo para mim que, embora nunca tivesse desejado passar por isso, eu permiti passar tanto tempo nesta situação. Eu permiti que me fizessem tanto mal. E aprendi que chega uma hora que se muito perdoamos o outro, acabamos por nos tornar cúmplices.

Durante esse tempo achei que era comum, achei que de alguma forma eu merecia. Como eu poderia seguir a vida toda com tanta "sorte" no amor? Eu acabei atraindo esse tipo de situação e eu fiquei até quando chegou o momento de escolher – ou eu ou ele. Eu me escolhi, e quer saber? Hoje, aos 32 anos, não me troco por ninguém! Nem por quem eu era aos 18! Hoje eu sou minha amiga, nos damos superbem! Superamos muita coisa, sofremos, aprendemos a cair melhor e somos felizes! Eu não tenho um corpo perfeito, mas é o corpo dos meus sonhos sim, porque eu carreguei minhas duas maiores preciosidades desta vida, eu amamentei, eu pari, embalei e pelo resto da vida meu colo está disponível para elas, então, isso faz do meu corpo, perfeito para mim. Para as minhas necessidades! Se um dia um homem estiver comigo só porque meus seios são duros, pode ir embora, é um favorzão que me faz! Porque a vida é mais! Muito mais do que apenas isso!

"Eu sou uma mulher guerreira. Uma pessoa legal. Eu nunca passei a perna em ninguém, nunca roubei, nem traí ou enganei. Eu sou uma pessoa rara. Eu mereço alguém que saiba e que respeite o meu valor." Foi assim, dessa forma, que tirei forças de dentro do meu próprio poço, peguei minhas coisas, minhas meninas e fui embora, para sempre. Deixei para trás uma relação que não me dava o suporte que eu merecia, nem o amor que eu tinha cultivado por mim. Alguém que nunca valorizou tudo isso de bom, que achou que encontraria fácil em qualquer esquina.

"Eu te perdoo por ter tentado. Eu te perdoo por ter amado. Eu te perdoo por ter confiado e confiado de novo e dado a cara a tapa. Bruna, eu te perdoo por ter se negligenciado durante um bom tempo, por ter tentado fugir de si mesma. Foi o nosso caminho evolutivo de aprendizado." Eu tornei esse trecho parte do meu mantra diário de renascimento. Quando estamos grávidos, e coloco no plural para englobar os homens que têm filhos também, não só as mulheres, quando estamos esperando a chegada de um bebê, dedicamos muito amor e carinho a ele, não é? Conversamos com ele, alisamos a barriga e, desta forma, preparamos sua chegada a este mundo para que seja algo bom e feliz. Nada mais justo, então, que fazermos isso conosco, pois é o NOSSO renascimento. É a celebração da vida, em ambos os casos. E existem várias maneiras de se morrer em vida... Tentando se conformar em um relacionamento ruim e na infelicidade é uma forma muito eficaz.

Por isso, quero que você repita para si, baixinho, quantas vezes puder, para despertar o seu EU interior e verdadeiro que está adormecido ou amedrontado:

"Eu me celebro! Eu me respeito! Eu me perdoo! Eu me assumo! Eu me amo!"

Abandone seus receios e suas crenças limitantes, você está renascendo, está descobrindo um Universo inteiro em plena expansão dentro de si! Repita "Eu me celebro! Eu me respeito! Eu me perdoo! Eu me assumo! Eu me amo!"

EU ME CELEBRO! EU ME RESPEITO! EU ME PERDOO! EU ME ASSUMO! EU ME AMO!

Pode parecer besteira, mas garanto que é um mantra muito poderoso e amoroso para o amor próprio. Lembre-se que quando rezamos para um Santo ou Entidade aos pés de sua imagem ou agarrados com sua foto ou terço, o que promove os milagres é a nossa FÉ. É o quanto confiamos naquilo. É o nosso desejo, não a imagem. A imagem é algo inanimado, não faz absolutamente nada, não passa de um objeto. O que move montanhas é a SUA CRENÇA. Dessa forma, tenha convicção nesta nova crença que você está incorporando ao seu EU e fale para si, de olhos fechados, coloque a mão sobre o peito, sinta seu coração batendo e repita com real gentileza e afeto, até sentir seu coração aumentando o ritmo dos batimentos, que é o que causará a sua mudança de estado de espírito e te abrirá o fluxo para canalizar o amor universal, pois você É UM INSTRUMENTO que o Universo tem para mostrar que o amor existe e para ofertar esse sentimento ao nosso mundo. Você é parte do cosmos, você integra este planeta, sua consciência está diretamente ligada ao Universo, muito além do corpo. Você é parte da criação divina e você só existe porque ela quis que você existisse, isto é incrível! Tem gente que vai viver 100 anos aqui sem tomar essa consciência, de que fazemos, todos, parte do Universo, viemos todos da mesma fonte e estamos indo, todos, para o mesmo lugar. A gente passa boa parte da vida com essa consciência adormecida, e é lindo despertar! Fale para si, quantas vezes você quiser:

"**Eu me celebro!**
Eu me respeito!
Eu me perdoo!
Eu me assumo!
Eu me amo!"

E você verá um mundo novo se abrindo e um novo "EU" renascendo. Deixe as lágrimas correrem à vontade, sinta todos os seus poros se arrepiarem e exalarem amor. Você precisa dessa catarse. Você se deve esse reencontro com seu Eu verdadeiro. Você ama a vida! Você é amada, de diversas formas! Você ama a pessoa que está se tornando, e você deve isso ao seu EU do passado, então, você ama o seu EU do passado! Você celebra, respeita, perdoa, assume e AMA a sua história!
VOCÊ PODE CURAR O SEU CORAÇÃO. E as feridas abertas no seu âmago. Você, através de todo esse amor que tem dentro do peito, é a

única pessoa do planeta que pode te dar o maravilhoso amor que tanto quer receber. Não espere outro alguém para oferecer esse amor. Vibre amor. AME, agora! Acabe com essa sensação de pobreza, de escassez afetiva. Pare de duvidar do amor. Desenvolva a consciência de que você já nasceu como um ser de luz muito amado, porque nossas almas trazem o amor dos nossos antepassados consigo. Seus bisavós se amaram, caso contrário, seus avós não teriam nascido, e assim por diante. O AMOR está entranhado no seu DNA e em cada célula que compõe você.

Você precisa começar a aprender a se priorizar.

Pare, um pouco, de pensar no resto do mundo, nos problemas dos OUTROS, nas dívidas do mês que vem, nos supostos perrengues (pré) ocupantes que nem chegaram ainda.

Só tente, finja, que ignora tudo isso. Por breves minutos. Como se sente? Vou te dizer uma coisa: IGNORAR é uma arte. Não significa que você não se importa, ou que é um ser egoísta, mas egoísmo de sobrevivência – vulgo "Instinto de Preservação" – é vital neste mundo. Ignorar muitas vezes quer dizer que, naquele momento, você decidiu se priorizar; poupar-se. E isso só te fará bem!

Faça-se feliz! Mime-se! Compre aquele celular novo que você está querendo há tempos! Isso também é celebrar a vida.

Dê-se um lindo vaso de flores de presente! Faça aquela viagem sozinha – essa é uma das experiências mais gostosas e libertadoras da vida!

Leve-se para jantar num tailandês, pelo menos uma vez!

Tome uma garrafa de um bom champanhe, sem medo da ressaca! Comemore as suas conquistas, consigo mesmo!

Se dê valor.

Tenha uma conversa franca consigo mesmo, ao som de um bom blues e na companhia de uma taça de vinho. Admita seus erros, identifique suas falhas e se perdoe. Reconheça que, APESAR disso, você é uma boa pessoa.

Se reconheça.

Se olhe nos olhos e deixe sua alma expor seus anseios, sem medos que ela te diga que está tudo errado e infeliz desse jeito.

Mude-se, se preciso!

Mude a cor do seu cabelo, o corte só, por favor, não corte seu ímpeto de vida. Mude de emprego, de cidade, mude o que te impede de ter real felicidade. Mude a sua perspectiva sob si mesmo.

Assuma-se! E nunca, jamais, se resuma. Quem não for capaz de te decifrar por completo, não merece um resumo compacto do teu ser.

Se mande! Se mantenha! Azar de quem não gostar, azar de quem não quis ficar, azar de quem tentou te fazer mudar...

Falte no trabalho na segunda, para poder ficar no sofá o dia inteiro; para poder comer sem culpa uma panela inteira de brigadeiro, a firma pode esperar, mas a tua necessidade de ser FELIZ, não.

E o mundo não vai acabar porque você disse um "NÃO". Aprenda a dizer "Não", esse é o remédio que você pode estar precisando faz tempo. Dizer "NÃO" para o que a gente sabe que não vai nos fazer bem, é dizer um "SIM" danado para nós mesmos! Aprenda a dizer o que pensa, a cuspir tuas verdades; isso nos transforma profundamente.

Se faça feliz! Sem se importar com a opinião alheia. Quer mandar um *e-mail* para o teu ex em plena madrugada? Mande! Quer mandá-lo à merda?! Mande!! Quer mandá-lo voltar para casa? MANDE! Desde que te faça F-E-L-I-Z.

Compre aquela joia que você sempre quis ter; troque, enfim, o seu carro. Acorde cedinho e comece a caminhar. Experimente um novo sabor de café. Tire aquele velho projeto da gaveta...

Pare de ficar planejando tudo tão metodicamente. Pare de tentar racionalizar o tempo inteiro, há certas coisas que foram feitas para serem SENTIDAS e só. Sem explicações. As melhores coisas da vida acontecem sem grandes planejamentos!

Vá visitar seus parentes! Monte o roteiro dos seus sonhos, pesquise as cidades, restaurantes, mesmo que você não pretenda fazer a viagem tão cedo – quando sonhamos movimentamos uma energia universal poderosíssima.

Ame-se!

Cuide-se!

Se queira bem!

E, acima de tudo, permita-se. Permita-se fazer e ser tudo isso, com alegre consentimento; despache a tua bagagem de culpa.

A genuína alegria não se dá esporadicamente nos grandes acontecimentos; se dá, justamente, nos pequeninos prazeres diários, que, somados, formarão o verdadeiro sentido da vida.

Antes de tentar fazer alguém feliz, "FELIZE-SE"!

Não acredita em nada disso? Faça um teste: Pegue dois copos com água limpa e cole um papelzinho em cada um, escreva "Amor" em um papelzinho e "Ódio" em outro. Durante 3 dias deposite todo seu amor no copinho do Amor, fale coisas agradáveis, agradeça por essa água existir e te fazer bem, agradeça a DEUS e ao nosso planeta por ter água e prover a VIDA. E jogue todo seu rancor e frustrações diárias no copinho do ódio. Tudo que te aconteceu de ruim, a raiva do motorista que te fechou no trânsito, aquele amigo que não paga o que te deve, enfim... Observe no terceiro dia a água dos dois copinhos. Essa experiência foi feita com crianças de uma escola primária nos EUA e está disponível no YouTube. Agora eu te pergunto, se nossa energia afeta um copo de água parada, o que ela não é capaz de fazer conosco? Ultimamente tem sido bastante difundido o processo de autocura através de terapias alternativas, com técnicas de meditação profunda e regressão, como oferece a terapia da Constelação Familiar, por exemplo, onde a premissa é de que a vida nos trata como tratamos nossa mãe, pois a mãe é o nosso veículo condutor para este plano terrestre. E na minha opinião faz todo sentido, porque se a nossa energia afeta um copo de água, uma planta e um átomo, a energia depositada numa gestação, então, é imensa e, desta forma, se explica bem a questão de que muitas vezes temos problemas de relacionamento e crenças limitadoras que foram depositadas em nós pelas nossas mães. Mesmo que isso tenha ocorrido de forma indireta. Sou a favor de fazer essa busca ao passado a fim de nos libertarmos de rancores que não nos são legítimos. Fazer as pazes consigo é fazer as pazes com a vida, com nossos pais, que são responsáveis pela nossa existência; quando nos propomos a ficar de bem conosco, estamos nos dando uma carta de alforria. E é preciso se alforriar do passado e de possíveis mágoas que trazemos desde o ventre e nem ao menos sabíamos que existiam.

Dizem que o amor cura, porque o amor liberta.

Há quem pense que o dinheiro é a energia mais poderosa deste nosso plano terreno. Mas eu digo que não. A energia mais poderosa de todas é o amor. O dinheiro te faz levantar da cama, mas não te faz agradecer ao se deitar, como o amor faz. O dinheiro se te falta e você tem AMOR, a vida segue e você corre atrás, e continua agradecendo todas as noites; mas se é o amor que te falta enquanto você só tem dinheiro, você continuará miserável. Repare em um grupo de executivos altamente bem-sucedidos; eu trabalhei próximo a um *shopping* movimentadíssimo, no coração financeiro de São Paulo, e, certa vez, dediquei um tempo para observar um grupo de executivos de alto escalão que foi almoçar no mesmo restaurante onde eu estava. Pude observar, já na chegada deles, que dos 10 homens nove passaram batidos pela porta, sem nem ao menos cumprimentar e ouvir o que a recepcionista estava dizendo. Apenas um parou, sorriu, ouviu, papeou e pegou o papel que a moça estava entregando. Ao se sentarem à mesa, os mesmos nove homens pegaram imediatamente seus aparelhos celulares e nem sequer se olhavam nos olhos enquanto conversavam. Mas o mesmo que havia parado para conversar com a recepcionista lia o papel que ela havia lhe entregado com um sorriso nos lábios. Quando o garçom chegou, o grupo continuou a olhar os celulares, nenhum deles desviou o olhar por 10 segundos para se dirigir ao garçom; somente o homem que ainda mantinha o sorrido nos lábios. Ele olhou o cardápio atentamente, argumentou com os colegas, bateu no ombro de um deles a fim de conseguir o mínimo de atenção exigida e fez o pedido. Ao final do almoço, o nosso simpático executivo chamou o garçom e lhe entregou o folheto; em menos de 3 minutos o garçom lhe trouxe uma linda fatia de bolo de chocolate! Enquanto isso os outros já se levantavam e alguns pagavam suas contas sentados, com a máquina de cartão. A maioria nem reparou que ele estava se deliciando com uma torta de chocolate! Apenas os que estavam ao seu lado lhe perguntaram algo sobre o doce e ele riu e apontou para a recepcionista.

Eu também comi e amei a torta! Estava realmente muito boa, e era uma delicada cortesia oferecida em comemoração ao primeiro ano do restaurante, aos clientes que entregassem o folheto ao garçom. Eu fiquei pensando... será que nosso executivo sorridente havia fechado um negócio milionário mais cedo? Será que ele havia batido a meta do ano? Não... Se ele tivesse fechado o negócio do século ele estaria eufórico, falando sem parar sobre o assunto, dando aquela elevada básica na autoestima perante os demais, contaria vantagem e comemoraria. Somente o AMOR te faz sorrir discretamente e sozinho. O amor não precisa se gabar, contar vantagem, ser gritado aos 4 ventos. O amor nos faz sonhar acordados, nos faz sermos mais gentis com o próximo, nos promove alegria suficiente para oferecermos aos outros sem cobrar nada por isso. O amor tem um semblante muito característico, uma aura muito luminosa e própria. Fica evidente para quem o conhece. Na volta para o escritório, o executivo apaixonado parou ao meu lado para esperar o semáforo abrir e eu reparei que ele segurava uma única rosa e seguia com o olhar distante, sozinho do grupo cinza e sério que lhe acompanhava. BINGO! Eu estava certa. O amor, de tão valioso, não tem preço...

Nunca foi só por dinheiro. Os maiores gênios e inventores da humanidade nunca pensaram unicamente no dinheiro ao criarem suas teses e benfeitorias para o mundo. Sempre foi por paixão! Leonardo da Vinci pintava por paixão e, além de suas obras, ainda se arriscava na engenharia, desenhando e construindo – criou diversas inovações, como o paraquedas, por exemplo. Aposto que Leo não pensou "Agora fico rico vendendo meu paraquedas e largo a pintura!" Dante, Monet... inclusive alguns destes artistas só tiveram suas obras reconhecidas e bem-conceituadas muitos anos depois de suas mortes. Chopin compunha e tocava com a alma. Beethoven também, e foi perdendo a audição ao longo da vida; e mesmo quando já não era capaz de ouvir mais nada, ainda compunha e executava suas melodias, como ninguém. Nunca foi só por dinheiro... senão ninguém teria ido tão longe.

Não existe lei da atração, dom e fluxo sem PAIXÃO. Mas nós só descobrimos isso quando chegamos ao fundo de nossos poços existenciais. Assim como os diamantes mais valiosos estão escondidos nas cavernas mais difíceis, a paixão, o dom, também tem que ser procurado e lapidado.

Nós podemos gostar de várias coisas na vida. Eu, por exemplo, adoro PNL, gosto bastante de lidar com RH. Curto gente, falar e ouvir. Analisar o comportamento das pessoas e o passar do tempo; da vida. Gosto muito de cozinhar e amo fotografar. Mas eu nunca quis ser chefe, nem fotógrafa, nem socióloga.

Embora sejam áreas do meu interesse, minha verdadeira paixão é a escrita. Porém, demorei 30 anos para admitir isso. Trabalhei com produção de eventos, com RH, fui coordenadora de *casting* de grandes agências em São Paulo. Trabalhei como relações-públicas, *promoter* e, da cozinha e da fotografia, fiz meus *hobbies* favoritos.

Acontece que chega uma hora em que nada disso satisfaz mais a gente. E as pessoas começam a dizer que temos que tomar um rumo, temos que "sossegar", temos que nos conformar, afinal, ganhamos bem, temos "estabilidade", o país está em "crise". Resumindo: Siga os protocolos.

Siga os protocolos e conforme-se em viver sem PAIXÃO. Pois bem, é o que acontece com uma grande parte de nós. A vida vai se tornando maçante. Pesada. Será que a vida é acordar sem a menor vontade e passar o dia todo desejando a hora de dormir?

Mais cedo ou mais tarde, como seu coração está vazio, a paixão vai te encontrar e, nesse momento, você vai ter que fazer o balanço da sua vida. Nesse momento, provavelmente durante uma crise, numa troca de emprego ou término de algum ciclo longo, você vai ter descer ao fundo do seu poço e se perguntar "Mas, meu Deus, por que as coisas não dão certo?" Não é que as coisas não deem certo. Elas dão, pelo período que você consegue as suportar. Depois disso, inconscientemente, seu coração começa a te guiar para longe daquilo e para perto da sua vocação, da sua PAIXÃO. E aí você acaba atraindo, sem perceber, mudanças e sucessos nessas áreas. Pois quando se vibra com PAIXÃO, atraímos o melhor para nós. A paixão é o maior ímã da lei da atração que conheço.

Então, não é que você esteja fracassando. Mas talvez "isso" aí que você tem não seja a sua real vocação.

Quando você chegar ao fundo do seu poço e estiver cansado, sem energias, tente silenciar e ouvir o seu coração, ele fala através da intuição. É como uma luzinha de alerta piscando sem parar. Olhe para essa luz. Já te adianto que na maioria das vezes essa luz não é fácil de seguir. Parece até loucura.

Mas, o que é a paixão, meu caro, senão um estágio da loucura?

Não foi fácil admitir que eu queria fazer da escrita meu modo de vida, eu preferia ter dito "É isso! Vou ser engenheira", mas não deu. Minha alma é escritora. Nada mais no mundo me dá tanto prazer quanto escrever. Eu não escrevo para ficar rica ou para ter milhares de fãs e fama. Eu escrevo porque tenho real necessidade de escrever e porque descobri que consigo ajudar as pessoas com as minhas palavras. Quer motivos melhores? Chega uma hora que fica impossível continuar ignorando o que está enraizado no nosso âmago. Temos que admitir. E aí, depois que a gente admite a paixão e perde o medo, a vida começa a fluir! Não é que você vai ter sucesso imediato, seu restaurante vai começar a lucrar a muito, você vai conseguir pagar as contas com seus desenhos e quadros pintados ou com suas canções no violão. Você vai se questionar, vai querer abandonar a sua paixão, vai se frustrar algumas vezes. Mas se fazer o que se ama, acreditar nisso e sentir o coração pulsando, e ter FÉ na vida não é sucesso, eu desconheço o significado desta palavra.

Sucesso não é sinônimo de dinheiro. Sucesso é ter coragem para ser quem se é. Sucesso verdadeiro, daquele que causa inveja braba, é acordar amando a pessoa que se tornou e ter noção dos seus valores. Não é grana que causa inveja, é a LUZ do amor próprio; autoconfiança.

Então, prometa para mim que você vai se mimar hoje! Que você vai se dar um presente. Nem que faça seu bolo preferido para você mesma ou que se leve ao teatro ou cinema. Demonstre amor por você.

Reconecte-se à sua essência

Você sabe o que é um chakra? Eu já tinha ouvido falar, mas não fazia ideia que um dia descobriria, ou melhor, sentiria, de uma forma espontânea, natural e tão latente o que era um chakra. Os chakras são os centros energéticos dos nossos corpos, eles funcionam como receptores e emissores de energia, cada um deles numa frequência muito própria, que é transmitida às partes correspondentes do corpo, da mente e da alma (nossa porção emocional).

Durante uns anos, na minha vida, sofri com crises de alta ansiedade generalizada (chamada de TAG), e até hoje não posso dizer que me livrei delas completamente, pois, assim como uma visita chata que chega sem avisar e a gente tem que fazer sala e passar um café sem a mínima vontade, é a TAG. Ela vem de uma hora para outra, me traz uma tonelada de pensamentos acelerados e absurdos e transtorna tudo, porém, hoje, consigo lidar melhor com ela.

Na visão budista e reikiana principalmente, é comum dizer que uma pessoa que está sofrendo de ansiedade ou depressão está com os chakras desalinhados e, se pararmos para pensar, realmente faz todo sentido. Quando analisamos o nosso plexo solar, por exemplo, que é o terceiro chakra, o chakra do poder pessoal e da gestão de emoções, que fica bem abaixo do estômago, mais especificamente no âmago (que é uma parte que nós, muitas vezes, nem nos damos conta que existe), podemos observar que nas crises de ansiedade nossa respiração fica "presa", aquele sentimento que é uma espécie de vontade de chorar constante, nitidamente "esmaga" essa região do nosso corpo. Pois concentramos nossas emoções, principalmente as não ditas e explícitas, nessa área. E isso deixa esse chakra vulnerável, sensível. Alguns amores também ficam guardados aí e, por mais que forcemos a barra para os esconder e os camuflar, nós ainda podemos senti-los. Quando somos crianças e nossa mãe briga conosco, podemos claramente sentir a mágoa e a dor brotarem no plexo solar e então, rapidamente, verterem em lágrimas. E quando vivenciamos a dolorosa experiência da rejeição e tomamos um fora do ser amado, parece que nos cravam uma estaca bem no centro do nosso âmago e desse chakra, que torna dificultosa a respiração e até a deglutição dos alimentos. Quem nunca sentiu isso, essa sensação física na "boca do estômago"? As borboletas de uma nova paixão e os sapos que antecedem uma prova muito importante.

Pois bem, quando eu, por fim, me vi sozinha e a tempestade do divórcio e da mudança passou, me peguei mais uma vez com a minha hóspede indesejada, Dona Ansiedade, fazendo plantão na minha porta. Só que, desta vez, eu estava tão absolutamente exaurida, que nem me dei ao trabalho de discutir ou fingir ignorá-la, deixei que entrasse e aceitei a sua presença, gentilmente lhe disse "Querida, nós já somos velhas conhecidas uma da outra... eu sei tudo que você vai me dizer e tentar causar na minha vida, mas, desta vez, não vai surtir efeito pois estou demasiada cansada para agir." Eu sabia mesmo que ela me causaria taquicardia, suor frio, dormência nos pés e dedos das mãos, boca seca, pensamentos ruins e uma sensação de impotência perante a vida, e acho que justamente por isso não a temi tanto, como fazia anos atrás. Eu me sentia mesmo em desarmonia, o corpo muito cansado, a mente barulhenta e a alma quieta. Minha cabeça parecia uma grande exposição de telas em branco. Eu sabia que era para ter coisas ali, mas não sabia o quê. E tampouco fazia ideia de como realinhar as minhas energias. Eu só seguia, porque era preciso continuar seguindo, a vida não me permitia parar, mas não tinha o domínio completo das minhas emoções e pensamentos. Era como se a minha segunda mente estivesse no comando a maior parte do tempo, ou seja, eu não estava realmente VIVENDO, eu andava com meu piloto automático ligado.

Ao mesmo tempo que sentia uma necessidade fisiológica de ficar em silêncio, eu tremia de medo da solidão. Ao mesmo tempo que me perguntava se nunca mais amaria outra vez, eu morria de medo de encontrar o amor. Ao mesmo tempo em que me convencia que a minha "época" de amar e ser amada havia ficado no passado, que era coisa da adolescência, eu sentia meu coração pulsando forte.

E foi nesse oceano de emoções, nada pacífico, que eu tive a experiência mais incrível de toda a minha vida. Estou, neste momento, buscando palavras que possam narrar detalhadamente, para que vocês compreendam num todo, mas é de inaudita dimensão.

Não sei explicar o que foi aquilo, mas vou chamar de "O Portal", pois a sensação que tenho é de que naquela tarde de inverno eu atravessei um portal que me levou à outra dimensão e me deu um entendimento muito surreal do que é o AMOR. Só de lembrar já me arrepio e fica difícil conter as lágrimas.

Foi essa experiência única que me encorajou a escrever este livro, que fez a minha alma ter real necessidade de compartilhar. Porque acredito, sem demagogia alguma, que qualquer conhecimento nesta vida só é realmente sintetizado se compartilhado. É esta troca empírica que faz tudo valer a pena. Já pensou o que teria sido do mundo se Leonardo da Vinci tivesse guardado suas invenções e obras só para ele? Se Camões e Corá tivessem engavetado suas poesias e textos? Não tem graça. A vida não tem graça se não pudermos COMPARTILHAR o amor, o aprendizado, as experiências... enfim, se não pudermos compartilhar a própria Vida com alguém. E eu nunca falei desta minha experiência com ninguém, mas me sinto totalmente à vontade e cheia de gratidão por estar compartilhando com vocês, meus amigos e leitores queridos.

Durante essas minhas crises de ansiedade eu me propus a caminhar para ver se relaxava um pouco. Tínhamos um calçadão muito lindo na Bahia, com aquele mar azulzinho, barcos ancorados e escunas de passeio indo e vindo entre os recifes. A única hora que tinha para fazer minhas caminhadas era às 16h, pois depois disso eu precisava buscar as meninas na escola. Então, havia se tornado uma horinha sagrada para mim! Eu sempre caminhava sozinha ao entardecer e, vez ou outra, ia escutando música, mas eu gostava mesmo de ouvir o barulho do mar, os passarinhos naquela festa, era uma coisa que realmente me fazia bem. Numa tarde dessas, era inverno, mas inverno na Bahia é sol e calor do mesmo jeito; eu me sentei no cais para descansar um pouco e observar o mar e tirei meu fone de ouvido – me lembro de escutar, em alto e bom som, as ondas vindo, a maré estava enchendo e fazia barulho quando batia nas pedras. Estava de chinelo e os coloquei ao meu lado, me sentando com as pernas voltadas para o mar, mas a água não chegava ao nível dos meus pés. E então, o último registro consciente que tenho é de ter apoiado as mãos para trás e erguido bem a cabeça para olhar para o céu – me dei conta de que quase nunca fazia isso. Qual foi a última vez que você fez isso? Tirou um tempo para conversar consigo, se ouvir e observar o movimento das nuvens no céu? Eu quase nunca parava para ver o movimento das nuvens e, puxa, como elas se mexiam rápido! O céu foi ganhando um tom muito intenso de azul, como se alguém estivesse jogando o contraste no máximo e as nuvens se mexiam cada vez mais rápido; me senti um pouco tonta e incomodada com o azul intenso e fechei os olhos que me ardiam. Nesse momento, o mundo, aquele mundo ali, ou melhor, esse mundo aqui, em que vivemos e estamos tão acostumados, desapareceu. Eu continuava sentada e tinha consciência de que permanecia com os olhos fechados, mas, por algum motivo que desconheço, não podia abri-los. Era como se o céu agora estivesse dentro da minha cabeça e as nuvens iam perdendo o ritmo acelerado; o azul voltando ao normal, até ganhar um tom azul bebê bem claro. Não vi ninguém ou ouvi qualquer voz que fosse, mas senti uma forte presença bem junto de mim o tempo todo. Não era uma presença física, mas era tão ou mais contundente que muitas pessoas que já conheci. E eu ia ouvindo a minha própria voz me dar algumas explicações, mas essa "Voz" vinha mais como um pensamento e, conforme eu ia ouvindo, o entendimento se fazia direto no meu âmago, bem dentro de mim, no meu plexo solar.

    Algumas imagens passavam rapidamente, como um clipe em movimento, eram imagens de bebês nascendo e pessoas se abraçando.

Essas imagens eram muito rápidas mesmo e algumas até me passaram sem que eu conseguisse registrá-las; mas no meu cerne compreendi que eram imagens que demonstravam amor, era o amor ao redor do mundo. O amor através dos séculos. O amor divino, que provém do Universo, portanto, o amor INFINITO.

E as diversas formas de amar que nós, humanos, inventamos. Não tenho como escrever aqui o sentimento que me invadiu, mas posso classificar como uma alegria imensa e um AMOR que eu jamais havia sentido antes. Coisa semelhante só quando dei à luz.

Ouvi a minha própria voz outra vez, agora dizendo bem baixo algumas palavras em outros idiomas, mas não lembro que palavras eram essas, só sei que tais palavras iam cada vez mais me trazendo paz e entendimento. Sentia agora meu coração bombeando sangue por todas as partes do meu corpo e, embora continuasse sentada, me lembro de sentir os meus pés pulsando, meus joelhos, os braços um pouco pesados e uma pontada que não era incômoda, mas que me fazia sentir algo, nessa região abaixo do estômago. E depois um pouco mais abaixo, no pé da barriga, depois bem próximo à virilha, e por último na cabeça, na parte de trás da cabeça e, para encerrar, na parte frontal da cabeça. Não senti dor alguma, era somente como um toque mais firme. Eu continuava de olhos fechados e então vi um pequeno ponto de luz azul irradiar do meio das nuvens para a minha cabeça. Aquilo me deu uma louca vontade de chorar e eu senti meus olhos enchendo de lágrimas, mas eram lágrimas de alegria, porque eu estava com este sentimento de alegria e tranquilidade. A pequenina luz me acompanhou mais uns segundos quando abri os olhos e eu a vi claramente, nesses pontos do meu corpo. Sabia que uma luz continuava no topo da minha cabeça, e tinha outro pontinho de luz azul brilhante próximo à minha virilha, outro um pouco mais acima, outro abaixo do estômago e outro no centro do peito. Permaneci imóvel e, quando pude me mexer, sequei ligeiramente os olhos, para ver se estava enxergando, se estava acordada e de olhos realmente abertos! As luzes pequeninas "voaram" em questão de milésimos de segundo, mas a luz do topo da cabeça permanecia e de repente eu vi dois feixes descendo pelo lado esquerdo e pelo lado direito, percorrendo o meu corpo, chegando aos pés, voltando, e então desaparecendo. Eu me sentia tonta, estava com a visão um tanto embaçada e tive medo de cair dentro do mar, recolhi as pernas e me sentei desta vez virada para a rua e voltei a chorar, feito criança. Desisti de tentar conter o choro. Chorei com aquela vontade real, de quem precisava mesmo.

Ainda tentando me acalmar e entender o que havia acontecido, sentia meu coração pulsando muito, muito forte e podia sentir essa pulsação desencadear pelo corpo todo. Parecia uma onda energética, subindo e descendo pelo corpo todo e que, naqueles minutos, me impediram de levantar. Não sou capaz de dizer o que aconteceu, mas ali eu me dei conta de que o amor existia e de que eu o amava, irremediavelmente. Tive a maior epifania da minha existência terrena. Meu Deus! Como o amor é magnânimo!

Só senti vontade de agradecer a Deus, ao Universo, de agradecer aos peixes, às tartarugas que nadavam bem perto dali, agradecer por estar VIVA e por ser capaz de sentir algo tão maravilhoso e lindo. Eu tive o claro entendimento que não precisava ter receio ou ansiedade, porque o amor já havia chegado. Eu compreendi, naquele instante, que o amor não era uma pessoa. Não era necessariamente uma forma física, mas um estado de espírito. E o meu, sempre, sempre fora... APAIXONADO. Eu sempre amei amar e isso sempre fez parte de mim, intrinsecamente. Então, de repente, tudo fez sentido. Eu não podia, mesmo querendo, à esta altura dos acontecimentos, querer separar, querer me livrar de algo que faz parte do que eu sou, que é o componente predominante do meu ser. Não se pode desistir da essência, mesmo querendo.

Eu ri sozinha ali, ainda sentada, com o corpo tremendo, enquanto recobrava os sentidos e agradecia imensamente por todo AMOR recebido. Ele me era presença constante e eu não precisava mais vê-lo para ter essa certeza. "Eu amo a vida!", falei alto. "Eu amo esse mar... eu amo o céu azul. Eu amo sentir o amor dentro de mim. Eu amo minhas filhas, minha mãe; pai querido. Meus amigos, minha irmã e sobrinhas. Eu amo poder caminhar, ouvir; enxergar. Eu amo a Natureza deste planeta e como ela deixa tudo tão perfeitamente lindo."

Era isso!

Esse é o tal do amor genuíno. Do amor divino; sagrado. Era AMAR estar aqui, agora, viva na Terra. E amar tudo que este Planeta tem e que tão amorosamente nos oferece. Parei para me dar conta de que uma árvore não depende de nós, para nascer e sobreviver, mas que nós, sim, dependemos totalmente dos recursos naturais aqui disponíveis. Um passarinho pega uma sementinha e a solta em um campo distante, a semente cai na terra, a terra é fértil, ela começa então a ser germinada. Daí o Sol e a chuva vão oferecer o que ela precisa para crescer. Este Planeta tem vida! Como era lindo e incrível me dar conta disso! Tudo aqui é vida pura, tudo aqui é amor puro. Depois deste dia, passei a nutrir verdadeiro respeito pela água, pelos insetos, pela terra. Coisas que quase nunca paramos para pensar.

Em meio a abertura desta caixinha de Pandora pessoal, me preocupei com as horas, pois na minha cabeça eu tinha certeza de que essa experiência doida tinha me tomado muito tempo, e que eu estava atrasada para buscar as meninas. Eu estava um pouco cansada, eufórica ainda e com o coração acelerado, mas, ao mesmo tempo, sentindo uma leveza que nunca mais senti depois desse dia, e, pasmem... quando olhei no relógio do celular, haviam se passado míseros 8 minutos, pois me lembrava de ter visto a hora quando tirei os fones de ouvido. 8 minutos de apagão! Que pareceram 2 horas de uma viagem ao cosmos. Minha hóspede, a essa hora, já havia saído correndo e me abandonado. Eu estava livre da Ansiedade, dos medos e conflitos que assolavam meu coração. Eu não tinha mais dúvidas que encontraria o amor porque havia acabado de encontrá-lo... Dentro de mim.

Eu havia tido um encontro com o supremo e sublime Amor Cósmico. O Amor maior que rege todo o Universo. O Amor inesgotável que jorra em cima de nós o tempo inteiro.

Eu não tive coragem de contar nada, nem para a minha mãe, mesmo sabendo que ela acreditaria em cada palavra minha. Porque eu não sabia como explicar. Mas, desde então, passei a ser uma pessoa muito mais tranquila quando o assunto é relacionamento amoroso e comecei a ter uma real necessidade de expor esse meu ponto de vista para as pessoas.

"Eu sou infeliz porque ninguém me ama." Certa vez ouvi de uma amiga minha. E me angustiei profundamente! Eu gritei "PARA!", e ela me olhou com os olhos arregalados, e fiquei nervosa ao tentar explicar-lhe, da mesma forma como estou me sentindo agora, digitando o mais rápido que posso este parágrafo! Fiquei angustiada para dizer que ela não precisava se preocupar com isso, porque o AMOR está em cada canto e em cada palavra boa que dizemos a nós mesmos. Em cada gesto que temos com um bichinho ou um desconhecido que necessita de ajuda. Em cada abraço que damos em um irmão ou na nossa avó. Eu disse "Hei! Abra o olho! Olhe para a vida! Olhe quanto amor há disponível neste mundo! Não é possível que você não veja!" Ela ficou mais irritada ainda, e amarguradamente me respondeu: "Você diz isso porque pra você é fácil, Bruna! Nunca está sozinha, foi casada, tem filhos, teve vários namorados. Mas você não sabe o que eu passo. E, pra sua sorte, não vai saber nunca o que é esta vida infeliz e miserável que eu levo." Foi um choque cruel de realidade. Ela estava certa. E ela não era a única a pensar desta forma. Me dei conta de que a minha missão de mostrar a verdadeira face do amor não seria tão simples assim.

Por isso, pedi muito ao Universo e à esta força amorosa que me acompanha, para que sejam meus coautores neste livro. Para que me permitam tocar o coração de cada um que ler minhas palavras, com muita delicadeza e responsabilidade. Um escritor tem esse dom. De se comunicar com o coração das pessoas. Os artistas, de modo em geral, nascem com isso. Um ator emociona sua plateia, às vezes sem dizer uma única palavra, somente com a expressão. Uma bailarina encanta seu público sem precisar abrir a boca... Um músico destrincha uma alma toda, só ao deslizar seus dedos pelo seu instrumento ou ao cantar uma música... E um escritor arranca lágrimas e suspiros sem sequer possuir um tom de voz ou uma forma física. É na emoção pura! É na conexão mental, na simbiose espiritual! E mexer com o sentimento mais forte que existe não é mesmo uma tarefa fácil.

A fé move montanhas. E é o AMOR que motiva a fé.

Já reparou que quando uma pessoa está muito bem-disposta, alegre, nós logo dizemos "Ah! Tá apaixonada, né?", e brincamos dizendo "Tá com a pele bonita... tá amando e sendo amada!", e isso nos causa a nítida impressão que a pessoa está mais bonita mesmo? Não é só uma impressão, o amor ilumina a alma e essa luz reflete através dos olhos, do sorriso e, por que não, da pele! O amor exala por todos os poros, é inegável. A gente logo percebe quando alguém está vivendo um novo amor e quando alguém tem uma vida conjugal feliz.

E o contrário também acontece... Não dá para disfarçar, nem com 2 kg de maquiagem ou roupas caríssimas, quando uma pessoa não é bem amada e bem resolvida amorosamente. E isso nada tem a ver com o estado civil. É que quando nos falta alguém, logo entramos no estado de escassez e miserabilidade afetiva, e aí começamos a buscar dentro de nós os motivos para não sermos amados como deveríamos. Mas a verdade é que esse motivo, aquele que já tratamos aqui, é a falta de "autoamor", vamos dizer assim! Porque quando nos amamos e sabemos do nosso valor, temos a consciência que é apenas uma questão de tempo para conhecermos alguém. Não condicionamos a nossa situação momentânea a algo perpétuo e, por esse motivo, não ficamos tristes pelos cantos, curtimos o momento. Quem nutre amor por si, não teme a própria companhia. E, sendo assim, todo mundo que chega é para somar e compartilhar e não para "completar" algo e tapar "buracos".

Não queira uma pessoa só para ir ao teatro no sábado. Queira mãos disponíveis, para andar junto com as suas. Queira olhos atentos a tudo aquilo que a tua boca não diz. Queira um corpo receptível, seja qual for o teu humor naquele dia. Queira uma alma amiga que te compreenda sem muitas explicações. E saiba que isso tudo está disponível para você, a qualquer momento. Você só precisa realinhar seus chakras e suas energias. Quando alinhamos os desejos do coração com os pensamentos, somos capazes de qualquer coisa! E se o pensamento é a energia, a ação é o condutor e um sem o outro é apenas desperdício de vida útil.

Ou seja, não basta pensar "Eu quero um amor e eu mereço um amor legal", é necessário sentir e agir.

E como fazer para realinhar os chakras? Embora eu nunca mais tenha tido nada parecido com a experiência do "Portal", eu quis muito e precisei sentir aquela paz e me livrar da ansiedade em excesso, algumas outras vezes. Por isso, desenvolvi alguns pequenos "gatilhos" pessoais que me ajudam a entrar em harmonia com mais facilidade. Falo bastante deles nos meus textos, mas isso é o que funciona PARA MIM, é necessário que você vá tentando e buscando diversas maneiras até encontrar o seu gatilho.

Para mim, o silêncio é fundamental, pois acredito ser impossível organizar os pensamentos com um mundo barulhentíssimo à nossa volta. Então, quando me sinto assim ansiosa em demasia, me percebo literalmente desconectada com a Energia; e qual Energia é essa? A Energia Terrestre, ou seja, a Natureza. Quem me conhece sabe que não sou de me embrenhar no mato e não aprecio atividades como *camping*, por exemplo, mas, hoje, tenho a real necessidade de certas vezes estar junto ao mar. De ter uma plantinha em casa... De pisar na areia, de sentir cheiro de chuva e de sentir o vento me despenteando. São mínimas coisas que na loucura urbana não paramos para fazer e que a nossa alma sente falta, já que não dá para viver num planeta que possui oxigênio e querer respirar nitrogênio. Entende? Não dá para seguir ignorando a existência da Natureza e a nossa conexão com ela. Então eu procuro me manter no máximo de silêncio que posso e em contato com algum elemento natural. Daí vou soltar a mente. Tirar as rédeas e deixar que ela corra solta, só fico observando a postos para confrontar algum pensamento que não esteja de acordo com o que eu pretendo seguir. Na maioria das vezes encontro uma resistência, seja do coração, quando a mente está decidida a tomar um rumo, mas algo em mim não está 100% de acordo ou vice-versa, quando o coração quer se jogar, mas a mente racionalmente acredita não ser uma boa ideia. Nesses casos, abro um vinho ou faço um suco bem concentrado de maracujá e coloco os dois, coração e mente, numa acareação para chegarmos a um veredito.

E se tal concentração está difícil no momento, trato de arrumar minha bagunça externa, ou seja, minha casa que é o meu mundo particular. Não consigo pensar se a casa estiver um caos. Vou arrumar meu armário, jogar coisas velhas fora e compro um cheirinho novo para alegrar o ambiente. Troco a roupa de cama, tiro o pó e isso me ajuda muito a me acalmar internamente. Porque se o Planeta Terra tem sua energia e influencia em nós, e nós temos que manter a conexão com ele, imagine a nossa casa? É energia pura e, às vezes, não carrega somente a nossa energia, mas da família inteira, dos problemas e angústias secretas de cada um. Então, cuide bem do seu cantinho, nem que seja só a sua cama, o local onde você dorme, mas mantenha arrumado. Suas roupas em ordem, seus sapatos longe de você e compre incensos ou difusores sempre que possível. Os cheiros são poderosíssimos e nos ajudam a criar excelentes conexões mentais. As cores também influenciam muito na harmonia dos ambientes e diretamente no nosso estado de espírito – tenho uma tendência a sempre preferir roupas claras quando sinto que estou entrando em estado ansioso. Fiz isso durante muito tempo, sem saber.

Então, recapitulando. Meus gatilhos são: silêncio, natureza, organização, cheiro e cor.

Você precisa silenciar o mundo para ouvir a si mesma. Tenha isso em mente e ache sua boia de sanidade para sobreviver neste mar de loucura. Nem sempre é possível nos isolarmos de tudo em um retiro espiritual em cima da montanha. Mas sempre é possível trazermos um pouquinho dessa paz e natureza para junto de nós. Se você passa muito tempo no escritório, experimente um vasinho de flor ou uma planta que você goste e cuide dela. Regue, coloque para tomar um sol, deposite amor nela e você vai ver como o amor voltará para você e equilibrará sua energia.

Por que você acha que dizem que banho de mar purifica a alma e cura feridas? A água do mar é rica em diferentes minerais, e alguns ajudam a cicatrizar a pele, como o cálcio, magnésio, sódio, potássio e ferro. O próprio cálcio e o magnésio são dois minerais importantíssimos para a recuperação de feridas. E não é só isso: o mar é fantástico pois nos relaxa o corpo, a brisa do mar traz a sensação de bem-estar e pode ajudar a limpar os pulmões. Minha filha caçula teve bronquiolite aos 3 meses de vida e fez muito tempo de fisioterapia respiratória; o médico me disse que sempre que eu pudesse, a levasse à praia, porque o ar marítimo é excelente para quem tem crises respiratórias. A presença do cloreto de sódio na água marinha fortalece o nosso corpo contra as bactérias e inflamações, melhorando o funcionamento das células do nosso organismo. E, por conta do pH de 8 da água salgada, conseguimos diminuir a colonização de algumas bactérias que são perigosas para nós! Não preciso dizer que sou apaixonada pelo mar, né? Mas tudo realmente tem um propósito de ser, aqui neste mundo, nada é obra meramente do acaso. Desta mesma maneira, acredito inteiramente que os alimentos naturais são cura para todas as doenças que nos atingem. As comidas da Terra nos provêm todas as vitaminas que necessitamos.

Pois bem, com a mente em silêncio, uma tacinha de vinho ao lado, a casa arrumada e um incenso de alecrim alegrando tudo, eu vou, então, fazer aquela viagem pra dentro de mim, que eu só consigo através da oração. Não me refiro a orações católicas ou evangélicas, pelo contrário, nada tem a ver com religião, mas sim em criar a conexão com o cosmos. É você falar com humildade, respeito e confiança: "Universo, mostre-me os medos que minha alma carrega e que minha mente desconhece. Me ajude a iluminá-los. Universo, seja meu aliado e me mostre a melhor direção, eu preciso de sua ajuda e amparo. Universo, obrigada por criar um planeta tão rico e abundante, por toda a vida que aqui existe, obrigada pelo Sol que nos aquece, pela água que nos garante a vida. Obrigada pelo entendimento. Obrigada por fazer de mim uma fonte de amor e um instrumento para a bondade divina. Eu sou um canal aberto para a circulação do Seu amor." É você ter uma conversa franca com a Energia!

O que gera ansiedade em nós é a incerteza; a insegurança. É nos sentirmos à deriva em meio a uma forte tempestade. E quando conseguimos nos reconectar com a nossa essência, essa sensação de insegurança vai embora, porque desenvolvemos a certeza de que temos um respaldo universal que nunca nos falha.

Quando confiamos em Deus, no Universo, em nossa fé e, acima disso tudo, em nós mesmos, nós criamos a noção de que as fases conturbadas são só fases. Elas não nos apavoram e nos paralisam tanto. E isso inclui também a solidão. A temida solteirice – e essa sensação de falta e de escassez amorosa mesmo quando temos um relacionamento afetivo com alguém.

Como podemos querer ouvir uma rádio FM se estamos em frequência AM? Pois é... O Universo também tem uma frequência própria. A energia do dinheiro sintoniza em uma frequência exclusiva. A da saúde, em outra. A do amor em outra... da raiva em uma diferente, e assim por diante. Então, como podemos estar sintonizados na frequência do medo e esperar receber sinais do canal do amor?

É sobre isso que é a nossa reconexão. É sobre alinharmos os sentimentos e sintonizarmos na frequência correta. E eu só conheço uma forma de sintonizar na frequência do amor: AMANDO.

Após o episódio do "Portal", eu nunca mais senti medo da solidão nem dúvidas de que encontraria um ser que pudesse receber todo o amor que eu tinha, e que iria guardá-lo, cuidar bem dele e me entregar de volta. E por várias outras vezes eu senti meu plexo solar pulsando e uma felicidade e tranquilidade enormes. E isso fez com que os meus relacionamentos seguintes fossem muito mais leves e livres de tantas cobranças, da minha parte. Pois o amor estava COMIGO. EU tenho amor dentro de mim e sou um canal para o amor divino, então, se a pessoa que estivesse ao meu lado não pudesse me devolver esse amor, não tinha problema, a errada não era eu por estar amando, nem ele por não saber receber. Eram apenas SINTONIAS diferentes. E por isso eu continuava feliz e seguindo, esperando a hora que fosse encontrar uma pessoa que estivesse na mesma frequência que eu. E foi o que me aconteceu pouco depois do "Portal".

Para finalizar nosso capítulo, deixo para você uma última dica para sintonizar o verdadeiro amor: PERDOE. Ative o plexo solar, extraia lá do fundo as suas mágoas, coloque um pequeno cristal em cima do diafragma, inspire curto e solte o amor bem devagar, concentre-se nesse chakra. Sinta uma luz azul em cima dele, massageei-o. Faça isso até liberar suas mágoas, chore se preciso. Não há chance alguma de o seu coração receber um amor bom se ele estiver com mágoa e ódio dentro, isso ocupa espaço e bloqueia a fertilidade amorosa. O perdão é autolibertação.

Quando eu saí dessa minha experiência e comecei a agradecer por todas as coisas vivas que me cercam, senti vontade também de agradecer a todos os relacionamentos e pessoas que cruzaram meu caminho. E isto incluiria meu ex-marido. Sim... eu ainda tinha algumas mágoas dele, mas fui as dissolvendo, pois o amor que sinto pelas minhas filhas é infinitamente maior que qualquer rancor. Se ele merece perdão? Quem não merece? Se até Jesus perdoou a humanidade, quem somos nós para negar? Mas é muito mais que isso... se ele merecia meu perdão, eu nem sei, mas sei que EU merecia me perdoar e me soltar dessas correntes que o rancor nos aprisiona. Me concentrei nisso e o agradeci com todo o coração, por ele ter sido o instrumento encontrado por Deus para trazer minhas meninas até mim. O que poderia ser maior que isso? O perdoei e tomei a consciência de que ele também precisaria me perdoar, pois eu também havia errado ao longo de todos os anos do nosso casamento. Então, pedi perdão também, com toda sinceridade e só depois dessa catarse é que consegui sentir que meu ciclo de renascimento havia sido concluído. Eu acabara de sair do casulo. Eu acabara de romper a casca do ovo.

Eu estava VIVA, de novo.

Eu tenho disponibilidade para o amor

Mas tem gente que não tem. E aí, o que fazer? Você pode se espremer para tentar caber nas minúsculas brechas que julga achar na vida da pessoa ou pode, mesmo com dor no coração e sem entender direito, aceitar esse fato, de que existe gente que não tem espaço para o amor neste momento, que por motivos pessoais que desconhecemos, opta por NÃO querer amar e se relacionar da forma como você almeja. Porque uma coisa é sentir-se atraído fisicamente por alguém, é querer preencher uma horinha livre na agenda do dia, é querer saciar uma necessidade do corpo, e outra coisa, bem diferente, é querer criar uma história com alguém, deixar alguém adentrar sua vida (e sua alma).

A "culpa" não é sua se você oferecer um amor bom e o outro recusar. Você não fez nada de errado e o outro nem sempre será um tirano desalmado por isso. O que nos falta, na maioria das vezes, é o discernimento para compreendermos que tal pessoa não está na mesma frequência que nós estamos, hoje, neste exato momento. Mas que, de repente, se nos esbarramos em outro momento da vida, possamos nos entender melhor, quem sabe? Tem quem se dê bem sozinho e se acostume a viver desta forma. É errado? Quem pode crucificar alguém por não querer se casar e formar família? Quem pode condenar um ser humano por não querer ter filhos? Ou por não gostar de cachorros ou por não gostar de *ketchup* na pizza? Eu detesto *ketchup* em qualquer comida! E a minha filha mais velha me diz que sou louca! Mas, na minha concepção, louca é ela que coloca *ketchup* em tudo! No entanto, não é por isso que nos odiamos e deixamos de nos falar. Eu dou minha opinião e digo "Manera na dose", e ela me diz "Experimenta... quem sabe você não gosta agora?", mas nós RESPEITAMOS o fato de termos gostos diferentes. Acho que o ponto chave é esse: Respeito. É não se ferir toda vez que alguém não quiser *ketchup*, digo, amor, no seu macarrão, na sua pizza e na vida. Embora eu, particularmente, acredite que o amor está mais para queijo ralado do que *ketchup*... você pode comer uma macarronada sem queijo ralado, é verdade, mas nem de longe tem a mesma graça. Você pode viver sua existência sem amor, mas nem de longe tem a mesma graça! Né?

Eu tenho disponibilidade para o amor. Eu posso dedicar atenção ao amor.

E você?

Antes de me responder apressadamente "SIM!, analise com olhos críticos a situação. Ter disponibilidade para o amor é convidá-lo para nossas vidas. Se vivemos queixosos e lamurientos de nossas solidões e não movemos um único músculo ou um único neurônio para mudar essa situação, então, não podemos afirmar que temos disposição para o amor. Deixe-me lhes falar uma coisa: Amar exige um pouquinho de tempo, muita força de vontade e um tanto de disposição.

O amor não espera o fim de semana. Não é sazonal. Não se encaixa perfeitamente aos seus compromissos. O amor liga em plena terça-feira, mesmo imaginando que o dia tenha sido cansativo e que o ser amado queira descansar, o amor oferece o ombro... não quer vir descansar aqui? O AMOR oferece o ombro, o colo, a alma e o corpo inteiro. Oferece um jantar em plena terça, uma viagem na quinta com direito a matar a segunda, férias em outubro e carnaval em janeiro! O amor casa contigo na igreja mais badalada em meados de maio ou numa praia deserta numa tarde de fevereiro... Ele fica na sua casa até você pegar no sono. E até você acordar.

Insiste para ir te buscar no trabalho, mesmo que hoje ainda seja quarta, mas a culpa é do coração, que está pior que criança ansiosa pra te ver. Amores adoram uma *happy hour*! Se bem que todas as horas do dia de um apaixonado são felizes, só por saber que em breve terá o objeto da afeição ao lado.

O amor sabe que levantamos cedo na manhã seguinte, e ele promete que não dormiremos tarde, aliás, o amor não tem planos de dormir esta noite. A reunião pode esperar. O celular pode desligar. A gente pode perfeitamente se atrasar, mas o amor... eita! Esse não se atrasa nunca. Te garanto que o mundo não vai acabar! Mas talvez a empolgação acabe, talvez o momento passe, então, o amor vai SIM passar pra te buscar. Amor faz o dia ter 28 horas, sai mais cedo, cruza toda a cidade. Amor vai te esperar com flores na porta da faculdade. Amor te leva pra tomar uma margarita deliciosa às 6h da tarde. Desculpa, mas hoje é segunda e o amor faz teu bolo preferido de chocolate. A dieta pode esperar, a academia vai estar lá amanhã, mas eu não sei se nós estaremos aqui amanhã, se o mundo vai estar aqui amanhã. "Amanhã" é o sonho mais louco que ousamos sonhar. Pois acreditamos com todas as forças ser realidade. E quantas coisas perdemos para o "amanhã"? O teu TCC pode esperar. A tua tia te espera mais um pouco. Mas a vida não espera ninguém.

Por isso o amor te acorda às 5h para você ver como é lindo o dia raiar! O amor te sequestra no almoço e faz amor contigo, até o expediente acabar. O amor pode te levar a um café descolado às 11h da noite, por que não? Tem hora certa pra tomar café? Tem hora certa para mandar mensagem? Tem hora certa para se apaixonar? Horas certas do amor são quase sempre atemporais. Pode abrir que ele está na sua porta.

Pra quem ama, segunda de manhã vira noite de sábado e toda terça é de Carnaval!

O amor nos faz esquecer que o relógio existe; faz nos perdermos no calendário.

O amor atrasa; despenteia; engorda. Mas que irresponsável é o amor! É a irresponsabilidade mais deliciosa da vida, devo admitir.

Mas até mesmo as coisas mais maravilhosas têm épocas e épocas. Tem época em que estamos focados em terminar a pós-graduação para conseguir um emprego melhor, época em que estamos com a atenção voltada para uma viagem que queremos muito fazer. Época em que estamos satisfeitos com as coisas do jeito que estão... E embora eu acredite que o amor é sempre bem-vindo, devo admitir também que ele bagunça um pouco as coisas. Então, diante de tudo isso que sabemos que o amor e principalmente a dona PAIXÃO nos causam, me responda sinceramente, como está a sua disponibilidade para acolhê-lo?

"Eu tenho disponibilidade para o amor." Releia outra vez essa frase. Agora peço que leia mais uma vez, agora, sorrindo.

Cultive, a partir deste momento, o hábito de sorrir; para o mundo e para você mesma. Sorrir muda o nosso cérebro e, portanto, a forma como reagimos às situações; ficamos mais inclinadas a quebrar a tendência habitual de pensar negativamente, pois, ao sorrir, mesmo que não seja o sorriso mais espontâneo do mundo, ao elevar a musculatura do rosto, você ativa a parte cerebral responsável pelos padrões positivos e libera mais serotonina. Há diversos estudos que falam sobre isso, inclusive o de uma biomédica chamada Sondra Barret, autora do livro *Secrets of Your Cells*, algo como "Segredos das suas células", onde ela diz que ao tornar o sorriso um hábito constante, você deixa de ficar tenso, você relaxa os músculos e libera o excesso de pressão e preocupação, sendo assim, suas células não ficam rígidas, elas ficam mais receptivas à estímulos e até **à medicação, funcionando** melhor. Incrível, não? Além disso, todos nós possuímos neurônios chamados "espelho", que são responsáveis por copiar, vamos dizer assim, gestos, trejeitos e até comportamentos que eles, os neurônios, julgam úteis para nós. Ou seja... sorrir contagia. Ao vermos uma pessoa sorrindo muito, sem querer acabamos por imitá-la. O bom humor é um santo remédio! E, da mesma forma, o mau humor pega também! Deus me livre!

Nós somos mesmo uma máquina fantástica! Temos que cuidar bem de nós. E que tal começar a sorrir para si neste exato momento? Leia a frase novamente, sorrindo! E se olhe no espelho, olhos nos olhos, isso reforça o que você está dizendo. ERGA A CABEÇA! Note que você anda com dores nas costas, dor no estômago, muitos gases... Como eu sei? Porque esses males são provenientes da nossa postura errada. Temos uma coluna vertebral VERTICAL, ela foi pensada para funcionar retinha e não encurvada como ficamos quando estamos deprimidos e com medo. Quando nos fechamos, colocamos a coluna para baixo, a cabeça baixa, comprimimos o esterno, o osso do tórax, e isso nos causa uma nítida sensação de fadiga e aperto no peito. Por isso é muito importante que você mude a sua visão sob si mesma e, então, mude imediatamente a sua postura. Faça o teste agora! Estufe o peito, encha os pulmões de ar, levante a cabeça e estique os braços para trás; conserte sua postura e sente-se de uma forma ereta. Então sorria, eleve a musculatura facial e diga para si mesma o quanto você celebra a sua existência e o quanto tem orgulho de si! Convide a vida para um café e lhe diga "EU TENHO DISPONIBILIDADE PARA VOCÊ. EU TENHO DISPONIBILIDADE PARA O AMOR."

Esta frase é mais um mantra que trago comigo e utilizo há bastante tempo, sempre que percebo que estou desconectada com a energia amorosa universal.

Porque vivemos vidas tão corridas, que somente nos momentos de **solidão** extrema nos damos conta de que já faz tanto tempo que não convidamos um amigo para um café, que não ligamos para uma prima ou tia, que não visitamos aquela antiga colega de trabalho.

Vivemos na INTENÇÃO. E a intenção realmente vale muito, acredito, mas a ação é ainda mais valiosa.

Desta forma, o tempo vai correndo e nós, exaustos, correndo mais ainda atrás dele. Desta forma, as semanas, meses e os anos vão se passando, e em todo réveillon juramos tirar um TEMPO para estarmos mais próximos de quem amamos.

Nesta correria que nos consome a energia e não nos deixa cumprir nossas promessas e intenções, nós nos perdemos de nós e caímos na armadilha da reclamação, tentando transferir nossa "culpa" para a vida, para os amigos, para o TEMPO.

"Ah, eu não ligo, mas também ninguém me liga!" Justificamos. E, assim, as energias do amor ficam estagnadas. Nós nos fechamos nos nossos mundos individuais, tentando nos conformar que a vida é "assim mesmo".

E tentando fazer o baile seguir, reclamamos da solidão, mas não fazemos real esforço para estarmos presentes. Mas a verdade, aquela verdadezinha latente e ansiosa que mora dentro dos nossos corações, insiste em sentir saudade das pessoas.

E não falo somente do amor carnal e sexual, me refiro ao amor no sentido mais amplo da palavra.

Supondo que você está em uma dessas **fases** de vida, em que está se sentindo solitário e com saudade dele, do Amor, achando que todo mundo o largou de mão, te proponho este pequeno exercício (pode ser à noite, ao se deitar): incorpore esta frase às suas orações diárias.

Diga, com um sorriso sincero e ALEGRIA: "Eu tenho disponibilidade para o amor!"

Vamos! Não custa nada! O Universo vai captar sua mensagem e, depois, vai sintonizar situações e indivíduos que também tenham disponibilidade para o amor em suas vidas. Faça isso por uma semana, quantas vezes puder, e aí é só aguardar as manifestações do amor.

Lembrando que o Amor é energia e que, quanto mais AMOR damos, mais multiplicamos essa energia. Ninguém fica mais pobre dando amor, pelo contrário, amor é a verdadeira riqueza de um espírito.

Repita pela manhã antes de se levantar da cama! Olhe no espelho, sorria e seja gentil consigo e diga que tem espaço para o amor na sua vida! Escreva em um papelzinho e coloque dentro da bolsa ou como lembrete na tela do celular ou computador. Fale quantas vezes o seu coração sentir necessidade! Isso quer dizer que você tem espaço para uma conversa boa, sem pressa, no fim de um dia, que sua casa tem espaço para abrigar por um tempo um parente que esteja precisando, um animalzinho que esteja abandonado. Você tem espaço para um telefonema na hora do almoço, para um cinema na segunda à noite, para um domingo com os sobrinhos no parque, para um beijo na vovó durante a semana, para uma nova e sincera amizade!

Pois o verdadeiro amor se manifesta nos detalhes.

Nós também precisamos renovar essa energia, assim como todas as outras que nos regem neste planeta. **Quando você declara que tem espaço para o amor, você se abre para um mundo de possibilidades!**

Essa frase melhora até as nossas relações que andam desgastadas, pois quando temos espaço para o amor, temos espaço para o perdão, para a gratidão. E, perdoando e sendo grato pelas pessoas que nos cercam, melhoramos nossas relações com elas; encerramos ciclos de energias conflitantes, acalmamos as coisas, e, desta forma, o amor nos reencontra. É a única forma que descobri para sentir outra vez algo parecido com a experiência do "Portal" que relatei páginas atrás. Quando eu tiro um tempo e repito várias vezes essas frases, em voz baixa, de olhos fechados, consigo sentir a presença alegre do amor universal ao meu lado outra vez. E acho que vibro tanto, que coisas mágicas me acontecem. Anos atrás, quando mudei do pequenino apartamento onde morava para uma casa bem espaçosa, decidi que queria um gatinho. Queria dar às minhas filhas a oportunidade de conviver com um gato, desde filhote, e acompanhar todas as peripécias que eles fazem. Mas eu queria um gato que também nos quisesse. Não queria tirar um filhote forçado da sua mãe e levá-lo embora para sempre. Naquele momento, eu pedi ao Universo que mandasse um gatinho que estivesse precisando de AMOR. E durante várias semanas eu pensava no gatinho e repetia: "Eu tenho espaço para você, eu tenho espaço para o amor". Após um tempo, estou eu passando em frente a uma *pet shop* e parei para ver uns ratinhos que brincavam loucamente em uma gaiola na vitrine. Neste momento, um funcionário da loja se aproximou de mim e disse: "Moça, tem um pessoal ali que está doando uns gatinhos. A senhora não quer um? Eles não têm condições de ficar com os bichinhos." Meu coração se alegrou, mas eu já esperava que o Universo me mandaria o serzinho certo na hora certa – e lá fui eu.

Nós temos o poder de atrair tudo, qualquer coisa e qualquer situação, para nossas vidas. E o primeiro passo para isso acontecer, é ter esta consciência. De que somos imãs universais. Precisamos concentrar as energias, desta forma, no **que queremos** e parar de focar nas coisas, pessoas e situações indesejadas. Eu quero muito ter mais um filho. É algo que me alegra só de pensar, mas, neste momento, não. É um projeto futuro, tenho consciência disso. Tenho consciência de que, agora, não tenho disponibilidade para gerar e cuidar de mais um ser, uma criança. Atualmente, minha disponibilidade total é para terminar o projeto deste livro e para acolher meus leitores e ajudá-los a serem mais gentis com as cicatrizes de seus corações. Mas eu tenho muita vontade de aumentar minha família e de adotar uma criança; sinto, lá no fundinho da alma, que essa hora vai chegar. Vai chegar quando eu abrir as portas para receber tais bênçãos. Mas é isso, tudo é questão de hora, de prioridade. Não temos como abraçar o mundo inteiro, mesmo nos esforçando muito.

Vou contar o "segredo", ou melhor, meu pulo do gato, para atrair com mais facilidade o que desejo.

Se eu te perguntar se você acredita em extraterrestres, o que me responde? E em políticos honestos? Acredita que existem? E em vida após a morte terrena? Eu tenho aqui um milhão de perguntas que posso te fazer. Em algumas, você será categórico em me responder, em outras, ficará na dúvida, e em outras tantas, irá rir de mim e negar veementemente.

Agora, se eu te perguntar se você ACREDITA que neste momento está respirando oxigênio, o que você responde? É óbvio, não é? Para que perguntar o óbvio, Jesus? E se eu perguntar se você acredita que, de uma hora para outra, a lei da gravidade pode deixar de existir e nós todos sairemos pelo espaço? A resposta é sim ou não?

Você tem certeza ABSOLUTA da sua resposta?

Tem. Sabe por que você tem certeza absoluta e por que tais perguntas são óbvias? Porque, na verdade, você não ACREDITA nessas coisas, você CONFIA, pois você sabe que existem. Que são verdades universais e que o oxigênio e a lei da gravidade não vão nos faltar futuramente.

O ato de "acreditar" é passível de mudanças. Conforme crescemos, mudamos nossas perspectivas e crenças e deixamos de crer em várias coisas que nos foram impostas desde crianças. Eu, por exemplo, já acreditei que a política poderia ser usada para promover o bem e a paz mundial, hoje, não acredito mais nisso. Eu já acreditei plenamente que a Lua diminuía e aumentava em suas fases... Hoje, SEI que ela apenas fica encoberta devido a sua variação da posição em relação à Terra e ao Sol. Eu já acreditei que éramos todos comandados por uma força opressora que ditava tudo neste mundo, chamada destino. Hoje, acredito que o destino é a parte incontrolável de viver, mas que a outra parte depende de nós, é o que NÓS decidimos fazer com o que a vida nos dá. Eu acreditei durante um bom tempo que só seria plenamente feliz e realizada se tivesse um homem comigo, hoje acredito que 90% dessa felicidade e realização se dá dentro da gente; nós, com nós mesmos.

Eu já duvidei do amor. Houve uma época em que fui levada a acreditar que amor era balela de romancista. Hoje, eu CONFIO que o amor é a maior força de todo o cosmo. Eu sei disto. E esse é o lance: CONFIAR. E não somente acreditar. Às vezes precisamos nos convencer muito de algo, fazer um esforço para acreditar, nos lembrar que não podemos esquecer. Mas a confiança não... Confiança é intrínseca. Eu confio que a minha mãe me ama muito e que esse amor dela por mim não vai acabar. Ou seja, eu não fico pensando o tempo todo nisso. Eu não fico me convencendo de que eu amo muito as minhas filhas, a todo momento. Eu sinto! Eu sei. Então é algo natural, não é uma obrigação para mim. Não me deixa dúvidas. É isso. Acreditar, pode vir a nos causar certas dúvidas momentâneas, confiar não. Ter a confiança lá no fundo, elimina as dúvidas e a ansiedade. Quero, que a partir de agora, você se sinta amada, sinta todo o amor que você tem dentro de si, deixe esse sentimento pulsar e inundar o seu ser e, depois, jogue-o ao Universo! Você não precisa mais pensar nisso a todo momento, ficar se martirizando, você agora sabe que vibra na frequência do amor, então, o amor deixou de ser um problema na sua vida, não é mais parte faltante. É algo intrínseco, natural do seu ser. Está na hora de parar de enviar dúvidas e preocupações ao Universo. Está na hora de sintonizar para receber.

Enquanto apenas acreditar nas minhas palavras, é capaz que as coisas não mudem muito para você. É preciso que você mude do estágio de acreditar para confiar, é preciso que absorva verdadeiramente essa ideia, a ponto que ela substitua suas antigas crenças limitadoras.

É preciso que você comece a se conectar com a Energia, de uma forma pura e peneirada, ou seja, sem angústia, dúvida, medo e dependência emocional. Comece parando de colocar limitações e "poréns" para receber o amor na sua vida. Diga "EU O ACEITO! EU TENHO ESPAÇO PARA VOCÊ!" – e realmente aceite o que vier. Exercite essa troca, dizendo "Universo, o que eu posso oferecer de bom para as pessoas hoje e o que elas têm para me oferecer?" Porque, na vida, não é só pedir e receber, nem só dar e esperar. Tem que haver essa troca com Deus. O Universo sempre está a postos para nos responder, se você não está obtendo as respostas necessárias, talvez precise mudar as perguntas e sair da frequência da lamentação, da mendicância.

Se abra para ser um receptor e um propagador da Energia do amor, isto é, não tenha medo de dizer o que sente às pessoas, de demonstrar sua gratidão e afeto e nunca mais esqueça de que você não depende de uma pessoa específica e encarnada para fazer essa troca energética! Você pode fazer isso com uma flor, uma ave, um prato que esteja preparando para logo mais, afinal, dizem, com total razão, que cozinhar é uma das formas mais autênticas de demonstrar amor! Deposite esse amor guardado a tanto tempo dentro do seu peito, nas coisas que te cercam e para com você, antes de tudo. Exerça suas atividades com mais carinho... Não estou aqui pregando que você deve AMAR seu chefe intransigente ou amar ficar horas travada no congestionamento, até mesmo porque se rebelar é um ato de amor próprio! Se livrar do que te faz mal é vital. Mas quero dizer para você oferecer mais carinho e complacência a si mesma nestes momentos. Por exemplo, se você atualmente exerce uma atividade do qual não gosta (eu acredito que pelo menos uma vez na vida todos nós passaremos por isso), que você diga para si "Calma, tenho orgulho de você, que mesmo não gostando dessa atividade e desse trabalho, o desempenha da melhor forma possível". Esses pequeninos gestos em prol de nós mesmos são capazes de gigantescas mudanças internas e, consequentemente, depois de um tempo, de mudanças externas.

Ter espaço para o amor requer que nos livremos do medo do julgamento alheio e das próprias amarras que muitas vezes nos colocamos. Você vai amar de novo. Você vai encontrar sua pessoa, mas, você está disposta a lutar por ela se preciso? Sua vida atual comporta mais uma pessoa ou pessoas? Porque pode ser que seu amor não se chegue sozinho. Você tem medo do que os outros dirão? Até que ponto a opinião das demais pessoas influencia suas decisões? Eu recebo algumas mensagens de pessoas dizendo que já não têm mais IDADE para se relacionar. E quando eu pergunto QUEM foi que lhes garantiu isso, elas não sabem responder precisamente. Ninguém disse isso. Não está decretado em lugar algum. Amor não tem prazo de validade – nem mesmo o fim da vida terrena acaba com ele. Quem disse isso foi ela mesma para ela mesma. A crença retrógrada e careta agarrada ao subconsciente da pessoa faz com que ela deduza (erroneamente) que as demais pessoas, implicitamente, pensem que é ridículo alguém com mais de 60 anos se apaixonar e namorar. Mas esta é uma repressão interior. É o EU secundário exercendo sua tirania.

SEMPRE, sempre vai ter alguém com o dedo a postos e uma língua afiada esperando uma mínima oportunidade para entrar em ação e caluniar e difamar os outros. São pessoas que pensam coisas horripilantes, mas que vivem arrotando santidade. Pessoas que queriam ter a mesma coragem, mas estão presas às suas mentes que possuem massinha de modelar em vez de massa encefálica. Fale sério uma coisa para mim: Você vai mesmo se preocupar com isso? Você tem disponibilidade para preencher seu tempo com a maldade alheia? Eu não tenho mais. Mas houve um tempo em que eu me importava com a opinião das pessoas a meu respeito. Em que eu me monitorava para ter atitudes dentro dos padrões exigidos. Nesse tempo, eu me magoava com as inverdades ditas sobre mim. Entrava em batalhas homéricas para defender a minha honra. Mas nesse tempo eu não me conhecia a fundo. Eu não tinha o hábito de conversar comigo, portanto, me ofendia com coisas que podiam, no fim das contas, ter um fundo de verdade. Porque, acredite, o ser humano só é reagente às verdades... as mentiras absolutas não nos magoam tanto como as verdades que tentamos camuflar.

Eu fazia questão de provar para todo mundo que eu não precisava provar nada para ninguém. Hoje em dia eu não me abalo mais com mentiras e fofocas, pois tenho consciência da pessoa que realmente sou. Sei de todos os meus defeitos e minhas qualidades; amenizo o que posso e enalteço o que acho que merece. Os dedos inquisidores não me assustam mais, pois aprendi a pular as fogueiras.

Enfim, ter disponibilidade para o amor anula esse desespero que sentimos por estarmos sozinhos. É a mesma coisa de estarmos sem um empego no momento, por exemplo. Você tem duas opções de encarar a situação: A primeira é dizer a palavra DESEMPREGADO, que é uma palavra que automaticamente nocauteia a autoestima de qualquer um. "Eu estou desempregado." Veja só que carga negativa essa afirmação contém. E a segunda opção é usar a palavra DISPONIBILIDADE. É dizer "Eu estou disponível para um novo trabalho". Olha a leveza da expressão. Ou seja, você está disponível para novos desafios, rotina e vida. Você não está se opondo às mudanças nem fadado ao (IN)sucesso do (DES)emprego. Você está analisando as oportunidades porque você sabe que TUDO é oportunidade nesta vida. Mesmo que você não consiga, neste momento, um emprego formal com carteira assinada, isso não quer dizer que você não irá conseguir outras formas de renda. Desde que você mantenha o fluxo da observação ativo e alto para perceber as oportunidades à sua volta.

Desta mesma forma você tem duas opções para sentir a sua condição atual se for o seu caso: A primeira é dizer para si mesma "Eu estou ABANDONADA. Encalhada. Ninguém me quer." E a segunda é dizer "Eu estou DISPONÍVEL para o amor. Eu estou analisando as possibilidades e sentindo o que é melhor para o meu coração." A primeira afirmação te leva a uma condição de mendicância, de sofreguidão, de desvantagem. Não tem como um ser humano receber um amor bom, se colocando nessa posição de inferioridade. A segunda frase te eleva. Mantém a imagem que você tem de si mesma, com moral! Ela afirma que você está analisando, escolhendo, ponderando, e isso é um sinal de maturidade emocional, como já conversamos páginas atrás. A pessoa que chegará à sua vida é alguém que estará nessa mesma frequência vibratória, uma pessoa que você ESCOLHEU e que te escolheu também. Por isso você não pode chamar isso de SORTE, por ela estar ao seu lado e te fazendo esse enorme favor ficando contigo, já que será algo recíproco. Ambos sentirão alegria por terem se encontrado. Assim, o relacionamento será de equidade, não de desvantagem para um dos lados.

"Eu tenho disponibilidade para o amor". Ou seja, "eu não tenho dúvidas de que ele chegará em breve. Eu NÃO estou desesperada, implorando amor, estou feliz por viver cercada desse sentimento tão lindo e sou FELIZ em receber o amor na minha vida". E aí, cara amiga leitora, enquanto ele, o tão amado amor, não chega na forma física, beijável e apalpável que você tanto deseja, que tal se alegrar com a espera, na certeza intrínseca de quem CONFIA que o amor está chegando?

Após a minha separação e ainda no meu processo de autocura, enquanto imaginava o amor dançando pela minha cozinha, certa vez escrevi um texto, sozinha com um vinho e Aerosmith tocando baixinho, falando justamente dessa espera, que havia se tornado uma expectativa alegre e deixado de ser um martírio.

"Enquanto você não vem eu vou indo... Nada de tristeza ou remorso, já aprendi que é bem melhor seguir sorrindo. Tenho lido muitos livros, parado para assistir algumas séries novas, coisa que provavelmente eu não faria se você estivesse aqui; ou faria melhor ainda, eu acho, porque me lembro que com você ao lado eu raramente chegava ao final de um filme – mas era por um bom motivo! Muito tenho ouvido falar de você, mas pouco te vejo. O que acontece, amor? Você está tímido ou estão te deixando de lado? Não fique aí, calado, pode sussurrar ao meu coração; ele sempre te escuta. Não... eu já passei da fase de te confundir em olhares frívolos perdidos na multidão. Já não acredito mais que você more num sorriso qualquer... não me deixo mais iludir! Nem por rosas ou músicas dedicadas, mas solos de guitarra continuam me conquistando, devo admitir. Hoje não me prolongo onde não te vejo, e sempre que tenho dúvidas se é mesmo você, eu vou-me embora. Porque hoje sei que você não deixa sequer margens para dúvidas. Nunca te confundi com amizade ou admiração, sempre tive certeza que era você quando me invadia o coração! Mas já senti tanto a sua falta que quis te fazer existir em gente incapaz de te sentir. Já te amei tanto ao ponto de esquecer de mim. Já te procurei de bar em bar, desesperadamente numa sexta feira à noite e, por isso, já quis dar teu nome à um impulso ligeiro. Já te usei de desculpa para encobrir meus erros... Já achei que poderia amar por dois e te perdi. Agora, enquanto você não vem, eu te espero, pacientemente. Pois já não te quero a qualquer custo; não quero que tu existas só na minha mente. Eu preciso te sentir por inteiro, inundando o meu ser, para que não me engane de que, desta vez, será você! Enquanto você não vem eu aproveito para aprender a meditar, aprender a cozinhar, para que eu possa me aprimorar, para te receber melhor, quando finalmente você chegar. Te guardo fresco em meu peito. Latente como sempre, lindo desse jeito, que só você tem, quando vem vindo. E venha sob qualquer forma; com qualquer vida; com os problemas que tiver. Eu nunca exigi que fosses perfeito! Eu só exijo que seja imenso! Que seja maior que todos os outros; que não caiba em mim, mas que me deixe caber em você, desta vez.

Desta vez não quero te perder por um descuido... não quero que vá embora tão rápido. Eu já arrumei a casa para te receber. Eu olho meu som desligado e minha churrasqueira vazia e penso, "Só falta você!" Porque é bem verdade que aprendi a andar sozinha, mas continuo dizendo que esse mundo perde 99% da graça sem ti. Enquanto você não vem, eu brinco de te procurar. Até diálogos apaixonados de nós dois eu consigo inventar! Me divirto sabendo que logo mais você há de me encontrar e, então, o mundo ficará completo! Mas chegue logo, meus olhos estão muito opacos sem você por perto... Eu vou abrir um vinho pra relaxar, mas ainda prefiro tomar um vinho na sua presença... Saio com os amigos, damos boas risadas, mas na volta pra casa me dá um vazio repleto... de você! Vejo quanta gente quer te encontrar, mas poucos são aqueles que estão dispostos a pagar o preço que um grande amor pede. Mas eu, eu dou tudo que tenho para te ter! E tenho pena de quem vai viver sem ter te conhecido. Sou um ser convicto, de que você é o presente mais valioso que se pode receber. Estou louca pra ver a minha casa com vida outra vez, essa vida tão típica, que só você dá! Vou trocar de roupa e sair pra dançar. Enquanto você não vem... a linda vida segue!"

Eu sentia que logo mais chegaria um ser humano que merecesse todo esse amor. Que também teria um amor assim para me dar. Mas, ao contrário dos anos passados, não me apavorei nem surtei com a solidão. Fui boa anfitriã e nos tornamos grandes amigas.

Ter disponibilidade para o amor é ter disponibilidade para si mesma, em primeiríssimo lugar. Pois se você não se cuidar e não zelar por ti, não terá muito de bom a oferecer. Além do mais, como qualquer gesto altruísta, creio eu, o ato de amar genuinamente, traz mais benefícios a quem dá do que a quem recebe. Quem recebe nem sempre tem a consciência de que está recebendo um presente divino e do quão especial ele é; mas quem dá sabe o que está ofertando, e isso eleva o espírito e preenche o coração.

Ter tal disposição, no entanto, não é sinônimo de abdicação. Você pode e quer receber o amor e suas nuances em sua vida, está se livrando das correntes do medo e da ansiedade, e está saindo da petição de miséria afetiva, mas isso não quer dizer que vá abdicar de tudo que é importante para você, para viver esse amor. Eu acredito plenamente que o AMOR não seja RENÚNCIA absoluta. De que vez ou outra precisemos, sim, fazer certas concessões e ajustes para encaixarmos as coisas em seus devidos lugares; mas abrir mão de quem se é em prol de outro ser, nunca dá certo. Não se desiste do que se é. Se alguém me dissesse "Bruna, para viver nossa história é preciso que você pare de escrever. Que você deixe um pouco de lado as suas filhas e que você pare com essa adoração por praia, porque nós iremos para um lugar onde é frio o ano inteiro, sem possibilidades de férias tão cedo." Ok. Suponhamos que eu esteja contaminada pelo poderoso vírus da paixão e que eu queira muito viver isso. Eu posso ir. E acredito que durante um tempo eu vá viver bem sem essas coisas porque a euforia da paixão vai fazer a compensação de serotonina no meu cérebro. Mas quando essa euforia for começando a evaporar, o que sobrará ainda será o meu EU, verdadeiro e natural. Ele ficou escondidinho esse tempo, mas ele não deixou de existir. Quando a paixão e o ser amado não forem mais suficientes para fornecer a quantidade de serotonina e endorfinas que eu preciso para me sentir bem, o que farei? Vou recorrer às coisas que eu sei que me dão prazer. A escrita, a praia e as minhas filhas. Recapitulando: Podemos crer que é possível abrir mão de tudo por um grande amor, e por um tempo realmente é, mas ninguém se livra de si mesmo tão facilmente assim. O resultado será uma frustração gigantesca e uma vida e um relacionamento infelizes.

Vejo muitos casais assim. Mulheres, principalmente, que abriram mão de seus sonhos e ideais para se dedicarem unicamente ao casamento e à família; e que agora que os filhos cresceram e a paixão cedeu lugar ao contentamento do cotidiano, se sentem sem rumo e tristes. VAZIAS. É a palavra correta. Porque nem mesmo os filhos são capazes de preencher as nossas lacunas pessoais. Elas são de inteira responsabilidade nossa. Eu poderia ir morar no Ártico, sem previsão de férias em uma praia quentinha, porém, mais cedo ou mais tarde, isso afetaria muito negativamente a minha vida, tenho certeza! Eu me conheço! Eu não vivo bem muito tempo sem ir à praia, sem sentir calor. Se continuasse insistindo e abafando essa necessidade da minha alma, eu, no máximo apenas me conformaria com o passar do tempo. Ficaria cansada e me convenceria de que não há mais jeito, a vida é assim mesmo, melhor não sonhar mais com praia e não lembrar mais de como era bom sentir o calor do SOL queimando sutilmente a pele, e o cheiro da maresia. Sonhos causam dor.

É desta forma que nos conformamos na infelicidade. É aniquilando os sonhos que perdemos nossa capacidade de sonhar. E nós fazemos isso conosco várias e várias vezes nesta vida. Seja com um casamento fracassado, um emprego mal pago, um chefe incompetente, uma mãe ou um pai abusivo. Uma casa que não nos agrada... Uma rotina que não nos permite ser o que verdadeiramente somos. Aí caímos na armadilha da reclamação e jogamos nossos pesados sacos de culpa nos demais, dizendo: "Vejam tudo que eu fiz por ele..." ou "Abri mão de tudo pelos meus filhos e eles não me retribuem da forma como eu mereço" ou "Eu larguei tudo por SUA causa". Mas a real, aquela real, dolorida e danosa verdade é: Você largou tudo por você mesma. Porque QUIS. Porque, naquele momento, teve compensação emocional e disponibilidade para abdicação. E esqueceu de ter disponibilidade para si mesma. Você largou tudo pensando no seu bem-estar e benefício próprio. Porque paixão é assim, é egoísta e imediatista.

A boa notícia (sempre tem um lado bom nesta vida) é que o nosso EU verdadeiro continua vivo dentro de nós. Mesmo que esteja na UTI, à beira da morte por inanição e desnutrição de sonhos, ele está aí! Você o sufocou e o ignorou, não o alimentou. Mas ele está à tua espera. Peça desculpas sinceras e diga: "EU TENHO DISPONIBILIDADE PARA VOCÊ. EU TENHO DISPONIBILIDADE PARA MIM, AGORA."

Você merece um amor bom; uma vida boa. Um emprego bacana. Uma rotina feliz. Mas você precisa ACEITAR que é isso que você quer, tirar a mordaça e a venda do seu EU verdadeiro e segui-lo. Para isso acontecer, a Vida vai te perguntar: COMO ANDA A SUA DISPONIBILIDADE para ela?

Amores reais: não projete suas expectativas em cima de outra pessoa

Ser livre ao lado de quem se ama é uma das melhores sensações desta vida!
E não estou falando de relacionamento aberto, de troca de parceiros, estou falando de coração aberto, troca de energias; reciprocidade.

Poder ser apenas verdadeira e, mesmo assim, ser aceita, amada e acolhida é como encontrar um oásis em meio a um árido deserto.

Aquele amor que sabe que ninguém detém a perfeição e as Verdades Universais e, por isso mesmo, aprecia todo aprendizado que encontra pelo caminho; aquele amor que sabe que ninguém possui ninguém e que tampouco gosta de ser possuído e aprisionado em uma gaiola pequena.

O AMOR, tão imponente e magnânimo, e tão sutil e leve ao mesmo tempo.

O amor que não se deixa confundir com dependência, nem posse, nem carência, o amor que sabe o seu valor e que, por isso, não se oferece a qualquer um em qualquer esquina.

O amor apaixonado dos poetas em versos e rima; o amor que de tão singelo, fascina. O amor é altruísta. Ama só por amar.

Quem encontra o amor legítimo em um ser, nunca terá vontade de o deixar. E que ironia, não é? Ficar preso porque se quer... poder ir e escolher ficar. Voar e ter sempre onde pousar.

Ter um amigo, amante, confidente e cúmplice numa mesma pessoa, alguém que dê paz para o espírito, mas que nos inquiete o corpo vez ou outra, é como ganhar na loteria... a loteria do coração!

Busque alguém que lhe indique o melhor caminho, mas que não o force a segui-lo, alguém que não lhe pode as asas e lhe aperte o freio a todo instante, alguém que o solte no mundo porque gosta de admirar teu voo...

Acho que se queremos muito mudar o outro, é porque ele não é quem nós queremos ter ao nosso lado. Então, ao invés de magoar e tentar acomodar o parceiro numa fôrma que não lhe cabe, melhor deixá-lo tentar encontrar alguém que o ame de verdade, que ame as coisas que para você eram defeitos. Acredite, sempre tem alguém que amará aquilo que outro reclamava. A isso chamamos de ENCAIXE. Às vezes os corpos se encaixam, mas as almas não, e vice-versa. E que bom que é assim!

Se você está lutando para se enquadrar aos padrões de alguém e sente que nunca será bom o suficiente, permita-me dizer: VOCÊ JÁ É. Você é o melhor que pode ser, à sua maneira.

Desconheço sensação melhor do que a de poder chegar em casa e despir-se. Despir-se das roupas e dos escudos, do armamento e das máscaras que usamos para nos proteger e sobreviver à loucura deste mundo. Poder chorar quando se tem aquela vontade quase infantil, poder gargalhar sem o menor pudor de uma coisa vil... poder falar o que se pensa sem pisar em ovos o tempo inteiro. Ter seus momentos de mau humor e tristeza, mas ser sempre VERDADEIRA. Deixar o companheiro desabafar; desmoronar; ouvi-lo em silêncio é mais eficaz que qualquer terapia, e vê-lo reconstruir-se com um abraço forte e um sorriso cúmplice é a mais linda magia!

Eu não tenho grandes problemas com quem cospe seus sapos e aumenta o tom de voz, mas tenho medo, pavor imenso, de quem muito rumina, mas não digere nunca... de quem guarda rancores no âmago, de quem não grita, mas só destila veneno.

O âmago é o bauzinho secreto da alma! Para que guardar coisas ruins ali?

Gosto de quem sabe dizer seus "Nãos" com sutileza e seus "Sims" com firmeza. Gosto de quem muda de opinião, de quem admite seus erros sem grandes problemas e que se dá o devido mérito quando o tem. Gente que admite fraqueza e saudade, que demonstra amor sem precisar dizer uma palavra. Reconheço como legítimos ataques de ódio que se dissipam minutos depois. Essa é a verdadeira beleza da vida a dois.

Almejar ser uma pessoa melhor por espontânea vontade e não por obrigação. Estar onde se está pelo simples desejo e não por imposição. Pegar o outro pela mão e evoluírem juntos... dar a mão por vontade e não por mera formalidade, e entender que o que realmente importa é seguir na mesma direção e não só em velocidade; aceitar o *timing* do parceiro e entender que, às vezes, as diferenças nos completam – é o que constitui um relacionamento sadio e, consequentemente, duradouro.

Aceitar o outro como ele é, com seus altos e baixos, qualidades e defeitos, é o maior gesto de *respeito* que se pode ter. É a maior prova de amor que existe!

Compreender que todos somos pessoas REAIS, com nossos anjos e demônios internos, com defeitos e adjetivos tão singulares, torna a vida mais leve, fluida. Sabe esse amor lindo, de novela, que você vive procurando por considerá-lo perfeito?

Esqueça! Você não vai encontrar.

Porque os melhores amores, esses que a gente leva guardado no peito a vida toda, são imperfeitos!

Não são olhos azuis numa pele translúcida que garantem a conquista; confesse, aquela garota com sardas estrategicamente posicionadas no nariz e bochechas, e com profundos olhos negros, pode ser mais atraente para você.

Não são dentes alinhados e um sorriso de capa de revista que fazem teu coração disparar, é aquele sorriso meio tímido, de ladinho, com os caninos um pouquinho maiores, que garantem ao cara um charme irresistível! Beleza é fácil de achar!

Mas não é só de beleza que estamos falando. É daquele "Q" a mais. E sabe que "Q" é esse? O "Q" da IMPERFEIÇÃO! Alguma vez na sua vida você já se perguntou: "Ah, mas por que esse cara baixinho e magrelo me atrai mais se o outro é mais bonito?"

Porque o coração é sábio, e a paixão, inexplicável! Sempre gostei de caras altos, mas, certa vez, me apaixonei irremediavelmente por um baixinho, com dentes meio separados e que tinha lindos olhos castanhos-quase-verdes!

Já troquei o bonitão da escola pelo *nerd* de óculos... porque eu achava extremamente *sexy* bagunçar todo o seu cabelo e tirar seus óculos para darmos longos beijos... é isso! Ser *sexy* nada tem a ver com ser bonito.

Conheço gente linda, homens e mulheres "perfeitos" que não me inspiram absolutamente nada, parece que estou olhando para um quadro numa exposição... sei lá, curto mais os desenhos a mão livre dos artistas de rua, sabe?

Tem gente que chama de LUZ! De borogodó! De estrela! De ISSO! Não é o cabelo impecável, escovado e que não sai do lugar que atrai a maioria de nós, humanos, é o jeito como a pessoa mexe no cabelo... é a entrega de deixar-se despentear... é o sol batendo na íris, a curva da cintura... não o número do manequim. É a pegada, a intensidade das mãos, a vibração dos corpos, a força do abraço!

Não os músculos enormes, em si! É um corpo maleável, não um corpo escultural. Ser gostosa/gostoso não é ter barriga chapada e pernas torneadas, é entregar-se por completo ao outro, é despir-se de pudores e entregar-se ao DESEJO!

Celulites não tiram o tesão de ninguém, o que acaba com o tesão é um ser *fake*, com movimentos milimétricamente calculados, é alguém que está mais preocupado com as aparências do que com o interior, alguém que oferece o corpo e não a alma.

É uma pele macia, não uma pele necessariamente lisa que agrada... é o entrelaçar dos dedos, aquele puxão de cabelo, a respiração no cangote... aquela mordidinha nos lábios entre um beijo e outro... isso não pode ser comprado, ao contrário de peitos de silicone – o "Isso", vem de fábrica. O "Isso" encanta, vicia. E por falar em fábrica, que fábrica PERFEITA é essa do amor que faz com que as "imperfeições" se tornem absolutamente perfeitas dentro do contexto do indivíduo, o tornando único e insubstituível para o ser amante, o ser amador, o ser apaixonado.

Acredite em mim: quando você fecha os olhos e sente o cheiro do objeto do afeto, tal cheiro é como o DNA – impossível achar outro igual. Não é o sarado de 1,85 m e pele bronzeada que vai substituir esse cheiro; aliás, nada no mundo é capaz! Não é toda nuca que dá vontade de beijar... orelhas não são iguais! São únicas no universo – só os apaixonados entendem!

Bem... sou suspeita pra falar, sou fã do amor e todas as suas imperfeições tão exatas. Para mim, uma pessoa gostosa de verdade é aquela que se deixa levar, que é gostosa na cama e no cotidiano maçante da vida. É quem reage com um sorrisão, daqueles que a gente gosta de ver e ouvir! Que tenta ver o lado bom primeiro e, mesmo quando não consegue, o mau humor não dura mais que 15 minutos.

Gente gostosa é quem ri de si mesma. Quem não se defende a todo momento, quem já aprendeu que cair faz parte da vida e não nega ajuda a alguém, com medo que esse alguém lhe peça mais que uma mão. Porque elas sabem que são gostosas e não têm receio de compartilhar tamanha gostosura.

Uma pessoa muito gostosa, pra mim, é uma pessoa que topa um convite de cara, sem muitos "porquês" e "poréns". É alguém disponível para a vida e, principalmente, disponível para si mesmo.

Gente que permite se apaixonar perdidamente numa noite qualquer, por um olhar 43, e desapaixonar-se com a mesma facilidade na manhã seguinte. Ou no mês seguinte. Ou quando DEUS quiser! Quem pode prever?

Gente que se ENTREGA, sabe? Que demonstra prazer. Que GOZA as maravilhas de se estar vivo.

Tenho um megatesão de vida em quem fala "Estou indo!" e vem! Em quem não fica perguntando muito se você não está bem, chega sem avisar e te faz companhia, seja para secar uma garrafa de Martini ou 2 litros de Coca-Cola com uma pizza bem calórica.

Gente que não teme a ressaca do dia seguinte.

Gostosura, pra mim, não é necessariamente um físico em dia. Até porque eu prefiro neurônios bombados a músculos rígidos. Do que me adiantaria o contrário? Neurônios subnutridos, uma mente fraca com bíceps fortes? Leva mal não, mas não é comigo. Inclusive, sou da época das curvas. Do tato, do olfato. De mãos que deslizam pelo pescoço para debaixo do cabelo e pegam pela cintura – não no teclado de um *smartphone*.

Não é só pegada e apalpada não. É mais que isso. Muito mais! É sobre *savoir faire*.

Pessoas gostosas não precisam ter barriga zerada, precisam ter CHATURA zerada. Sem celulite? NÃO! Sem mimimi. Dessas que marcam uma cerveja em plena terça-feira. Uma viagem rápida sem programação prévia e que gostam de receber os amigos. Sem datas específicas. Gente que não tem amizade sazonal.

Nada me dá mais tesão que uma conversa que flui, com olho no olho e tiradas inteligentes na hora certa.

Bom humor é um troço altamente excitante. Já experimentou?

Os contidos que me perdoem, mas gente gostosa é meio louca.

Ou não... Vai depender do ponto de vista.

Para mim, loucura é planejar todos os dias do meu mês, anotar tudo na agenda e ignorar o acaso, o destino, e não se permitir as mudanças naturais de curso. Loucura para mim é recusar o convite de uma festa por "não ter roupa". É deixar de estar com quem se ama por "falta de tempo".

Eu gosto das pessoas que se permitem um banho de mar para curar o porre ou àquele amor ruim como tequila barata. Gente que sabe que chuva não mata. Que se deixa molhar... por completo.

Eu gosto de gente com inteligência emocional. Inteligência emocional suficiente para se permitir perder o controle. E eu piro em gente que pira, de vez em quando. Tenho uma queda forte por gente impetuosa, imprevisível. (E que goste de andar de mãos dadas.) Gente que sabe brincar, mas que não curte jogos. *Capisce*?

Um cara gostoso pra mim é aquele que não faz rodeio, que já diz pra que veio, sem, necessariamente, muita coisa precisar dizer. Tem coisa mais sensual e arrebatadora do que ouvir "Eu vim pra te ver"? Aliás, um olhar certeiro e profundo me causa mais arrepios do que qualquer besteira erótica dita ao pé do ouvido.

Uma pessoa gostosa é uma pessoa que se permite ser amada. E isso é um dom, acredite. Deixar outro ser penetrar-lhe o corpo é relativamente fácil. Quero ver se deixar penetrar a alma. No dia a dia. Quando os holofotes se apagam e a música acaba. Uma pessoa genuinamente GOSTOSA não teme o dia seguinte. O amanhecer não a assusta.

Porque pessoas genuinamente GOSTOSAS são de verdade. Não precisam de máscaras.

E é um dos pontos que quero falar neste capítulo: Sobre as máscaras que muitas vezes colocamos, na tentativa de esconder quem somos e o que achamos que não vai agradar, e sobre máscaras que detectamos ao conviver com certas pessoas. É muito comum a gente falar: "Fulano me enganou! Fingiu ser uma pessoa e na verdade não era nada daquilo." Eu mesma já tive essa impressão. Mas parando para pensar no assunto e deixando a demagogia de lado, será que nunca fizemos isso para nos achegarmos mais facilmente a alguém? Será que nunca demos uma aumentada no currículo para conseguirmos a vaga, fingimos gostar de futebol para ter assunto com o pretendente ou forçamos interesse em outras áreas somente para ficar mais próximas de quem gostamos? Isso é considerado um crime? Eu já forcei interesse em um time de futebol para agradar um namoradinho. Eu já disse, em uma entrevista de emprego, que falava muito bem inglês – mais do que realmente falava – para conseguir a vaga que tanto queria. Eu já dei opiniões opostas ao meu verdadeiro pensamento para puxar papo com uma pessoa influente. Eu acho que isso é até natural do ser humano. Uma forma de criar empatia, de se fazer gentil e de se aproximar de algo ou alguém que queremos. Esse tipo de máscara social tem seu lado bom para nosso desempenho nos meios em que vivemos. Vivemos em sociedade e certas vezes temos que nos encaixar em um "bando", como a maioria das espécies faz. E cada um de nós tem uma "máscara" que nos serve de escudo também, cada um de nós sabe seu melhor ângulo, aquele sorriso pausado quando necessário, aquela frase clichê de efeito que usamos para causar boa impressão, aquela certa expressão que fazemos quando não estamos entendendo muito bem o que está sendo dito, enfim, esse conjunto de pequenos gatilhos sociais que nos salvam de longas DR´s desnecessárias e de apuros repentinos – tudo isso leva o nome de *savoir faire*.

Savoir faire é a habilidade de obter êxito, graças a um comportamento maleável, enérgico e inteligente; tino, tato – segundo o dicionário. E não há nada de mau em ser maleável, de desenvolver esse traquejo social, pelo contrário, o *savoir faire* é uma capacidade que muito admiro e que, para mim, conta mais do que muitas competências descritas no currículo. Obter um diploma é razoavelmente fácil, mas *savoir faire* não se ensina na faculdade. É a vida que nos capacita. E também não vejo mal em usar o *savoir faire* no campo do amor, para socializar e dar um charme a mais na hora da conquista. É uma boa arma para nos destacarmos na multidão! Problema real existe quando o sujeito não faz a menor ideia do que seja *savoir faire*, mas é especialista, com ph.D., em manipulação e mentiras. Quando se cria uma personagem e a leva até o fim, ultrapassa-se o âmbito da conquista e da criação da empatia e passa-se para a dissimulação e sociopatia. Só a convivência nos dará os meios necessários para julgarmos: fomos vítimas de alguém mal-intencionado e que agiu de caso pensado ao nos ludibriar ou a pessoa exagerou no *savoir faire*? Ou, ainda, uma terceira hipótese muito comum: se NÓS nos deixamos levar e não prestamos atenção aos sinais no auge de nossa paixão. Porque a pessoa sempre dá indícios de um possível comportamento anormal, por mais bem-feita que seja a máscara que ela está usando. Ninguém engana todo mundo o tempo inteiro. Sendo bem sincero contigo, o que você acha que te aconteceu? Será que você foi mesmo enredado numa teia de mentiras e manipulação e levado a crer em calúnias ditas pelo seu parceiro, ou será que você não quis dar a devida importância aos sinais? Um mal terrível que nós cometemos é subestimar a maldade. CRER que a maldade existe e que é tão comum quanto o bem pode soar desesperador, mas é imprescindível para a nossa sobrevivência – e também para a saúde e integridade do nosso coração.

Se a pessoa mente na empresa onde trabalha, mas jura sempre falar a verdade a você, abra os olhos. Se a pessoa tem um histórico de infidelidade nos relacionamentos passados, o que te faz acreditar que contigo será diferente? Se a pessoa trata mal os irmãos e os pais, será que ela não está fingindo ser uma boa pessoa para você? Se não tem honestidade na hora de dar um troco ou se não perde uma única oportunidade de levar vantagem na desgraça alheia, será que essa pessoa tem mesmo uma boa índole? Podemos colocar a culpa na imaturidade ou na falta de oportunidades, mas eu acredito que por mais que o meio influencie o indivíduo, o caráter não depende de condição para existir. Se o dinheiro, por exemplo, é condição absoluta para a existência da benevolência, compaixão e amor, então devo alertá-lo que não existe caráter algum. Os sinais estão aí. Sutis, muitas vezes, mas para alguém atento **não passam despercebidos. O grande X da questão é que muitas vezes nós QUEREMOS amar, nós queremos aquela companhia, nós queremos muito t**er alguém. Nós estamos empolgadas e eufóricas, e ignoramos propositalmente; varremos esses pequenos deslizes para debaixo do tapete. Mas **não venham dizendo que não sabiam, quando os deslizes forem tomando proporções maiores e você for obrigada** a admitir que a pessoa não tem escrúpulos. Gente assim é como qualquer parasita, depende de um hospedeiro saudável para sobreviver. E o hospedeiro foi você. A diferença é que nem sempre vemos o verme chegar e se instalar no nosso organismo, e levar nossa energia. Muitas vezes fazemos ainda pior, quando as convidamos para nossas vidas e oferecemos amor e abrigo. Mas percebido isso, é hora de se livrar do parasita e recuperar a saúde. Não adianta ficar insistindo em mudar o verme. Um verme parasita NÃO se transformará em borboleta só porque você quer. A natureza dele é verme. O seu amor e empenho não é suficiente para vencer a natureza. Espero ter sido clara.

AMORES REAIS normalmente não dão medo. Justamente porque são REAIS, têm possibilidade de acontecer. Não é raro eu me deparar com gente que vive se queixando da solidão e que vive correndo das oportunidades reais que batem à porta. Pode ser mais fácil para esse tipo de pessoa viver idealizando um amor mágico ou culpando a vida pelo fracasso do relacionamento anterior. E que se apega, com unhas e dentes, às lembranças e aos "amores do passado". Às vezes nem é mais amor. Mas a realidade nunca será capaz de competir com uma lembrança. Na lembrança nós fazemos o que bem queremos, exageramos nas qualidades, esquecemos de alguns defeitos, aumentamos a beleza, diminuímos os prejuízos causados e só focamos no lado bom; evitamos lembrar os porquês que nos levaram até o fim. A lembrança é um lugar seguro. E um pretexto romântico e melancólico que podemos usar sem o menor pudor. "Fulano nunca se recuperou da separação..." "Fulano não superou a perda e nunca mais amou alguém." Prefiro corrigir para "Fulano ficou traumatizado com o sofrimento e nunca mais QUIS amar alguém."

O amor real, esse que bate na sua porta sem avisar que estava chegando, que não quer saber de formalidades e se tem ou não comida pronta – esse amor não nos traz problemas, e sim emoção. Ele vai nos tirar dos nossos casulos, ele vai aniquilar nossa desculpa romântica. Ele vai nos causar delícias e perrengues. Noites maravilhosas e ruins. Adrenalina na corrente sanguínea, serotonina e enzima do estresse. Isso tudo pode causar um medo horrível mesmo. "Melhor evitar". Melhor dizer que a VIDA, OH VIDA! Não nos traz um amor bom. E que, mais uma vez, não damos sorte. Melhor ficar ali, quietinha, com a velha lembrança que já não nos oferece risco algum. Amores reais dão trabalho.

Exigem empenho. Implica que exponhamos nossos pontos fracos e que o outro descubra nossas imperfeições e fraquezas.

O amor real se dá quando os holofotes se apagam; quando o DJ para de tocar. Quando mais ninguém está olhando e os amigos foram embora. É alguém que irá te amar na manhã seguinte, sob a luz do Sol, sem sorrisos forçados, sem maquiagem, sem roupas. Que continue sendo festa quando a festa acabar. É um olhar sob outra perspectiva, não somente para o que se aparenta ser. O amor real te força a esquecer as reticências, o "a gente se vê por aí...", o "e aí sumida, fazendo o que de bom?".

Ele te oferece o mundo, esse bem à sua frente, mas sabe que oferecer o paraíso é só modo de dizer. O amor real vai apontar tuas falhas, te chamar na chincha e te decepcionar inúmeras vezes. Porque o amor real é o avesso do ideal.

O que existe é o desejo de um encontro perfeito, das almas gêmeas idealizadas e estereotipadas, onde não haverá falhas e erros. Mas a completude não existe. Não passa de uma utopia perigosa. O que nós encontramos é, no máximo, alguém que goste da vida tanto quanto nós e que alinhe seus desejos e sonhos com os nossos e que nos queira na vida dele da mesma maneira como nós o queremos. **O que demoramos a enxergar é que não é amor que falta no mundo, é RECIPROCIDADE.** O amor não é complicado. Os seres humanos são.

A plenitude no amor, o que nos mantém em estado de graça quando o frívolo êxtase da paixão se esvai, é saber que encontramos alguém que nos permite ser apenas nós mesmos, em toda nossa insignificância. E como é maravilhoso e libertador dar-se conta da própria insignificância. É esta aceitação que promove a equiparação nos relacionamentos; que estabiliza a balança dos prós e dos contras e não a "perfeição". Tem épocas da vida em que a balança pesa mais para o lado dos problemas – a alegria e o bem-estar, no relacionamento, ficam em desvantagem. E aí é que entra a RESILIÊNCIA, a ferramenta mais potente que existe para reparar balanças desmedidas. Tem que se rebolar muito, desenvolver muita paciência e querer inverter o jogo. Mas trocar de relacionamento pensando que tal pessoa vai te dar um pacote completo de vida, vai organizar tudo para você, adivinhar seus desejos antes mesmo que você se dê conta deles, e que isso vai deixar a balança equivalente, é (para não ser rude) uma grande infantilidade. Esse desejo exasperado por alguém que despareça com nossos problemas é proveniente da falta que nós fazemos a nós. Desejamos porque somos faltantes. E por isso projetamos tanto essas faltas no parceiro. Quando nem nós mesmos sabemos o que fazer para adquirir uma melhor qualidade de vida e para preencher esses espaços faltantes, nós depositamos esse dever no outro. Um casamento, um namoro, um rolo, um amante, não serve para ocupar sua cabeça e seu tempo. Para isso tem oficinas de artesanato, cursos de idiomas, aulas de yoga e culinária. Um relacionamento, a meu ver, é para construir uma vida, uma família, um mundo, muito mais do que para dividir o que se já tem. O que se já tem são duas histórias distintas, dois passados, mas o futuro é um só, é junto. Então tem que se querer SOMAR, sempre. Muito me perguntam o que penso sobre a privacidade nos relacionamentos. Eu acredito que a confiança respeita a individualidade, sem que isso se torne um problema. Então não costumo pensar muito em privacidade, mas penso bastante em CONFIANÇA.

Que você controle os passos do outro, cronometre seu tempo; verifique seu registro de chamada, monitore seu aparelho de telefone, bem como suas redes sociais. Que você leve e busque, e mantenha seu prisioneiro em regime fechado. Eu devo adverti-lo que o que você realmente deseja, nunca terá. Ninguém controla os pensamentos e os sentimentos de alguém. Se já é difícil desenvolver autocontrole, imagine dar conta de si mesmo e do outro. É o tipo de neurose que arruína uma vida. Em que se chega um ponto onde não temos mais acesso ao que a outra pessoa está planejando, sentindo, querendo, em que não podemos mais lhe arrancar informações e explicações, então queremos lhe arrancar a alma. Onde até um suspiro mais profundo nos deixa de cabelo em pé; onde um sorriso mais aberto nos apavora. Onde um silêncio grita, grita muito e nos perturba profundamente, mais que milhares de ofensas ditas. Este é o nosso ego que virou bandido. Quando não conseguimos o que queremos facilmente, quando estamos passando fome de afeto, quando estamos descrentes de tudo, nos vendemos barato para o primeiro que aparece. Barganhamos nosso amor próprio por companhia e esta é sempre uma péssima troca. O ego surta e quer fazer o coração do outro de refém. Ameaça, chantageia, se autoflagela. Tudo para despertar, quem sabe, um mínimo de compaixão. Prostituímos nossas almas para sustentar o vício da atenção. Roubamos beijos, olhares, forçamos carinho, cumplicidade. Mas é tudo em vão. Porque amor não se aprisiona. Quanto mais liberdade se tem, mais perto se fica.

Eu vejo pessoas que realmente prostituem seu caráter e dignidade por algo que eu nem sei dizer o nome. Aquele tipo de relacionamento onde um dos lados é o marginal afetivo, sequestrador de almas e energias, e o outro é a vítima que não quer ir embora, mas reclama de ficar. A pergunta que não quer calar: POR QUE nos submetemos a uma vida dessas? Por que nos tornamos tão abusivos e raptores? O amor às vezes é um cativeiro de portões abertos. Então por que, diabos, não fugimos?

Porque o EGO não quer.

O Ego não tem nada a ver com o coração ou a mente inconsciente, ele é algo à parte. E, normalmente, a parte infantil e birrenta da personalidade de um indivíduo.

Se não tínhamos afeto nem o devido respeito nem recebíamos o mínimo necessário para que um amor se mantenha, então por que ainda insistimos em dizer que é AMOR? Saímos da relação porque já não tínhamos mais forças, mas, mesmo assim, martelamos que ainda é amor o que sentimos. Nos lamentamos por ter acabado, arrastamos a corrente, mesmo quando ela já nos foi tirada. Mas dá para chamar de "saudade"? Só temos saudade do que foi bom. O que acontece é que não conseguimos nos desvencilhar, parece que fica aquela estaca cravada no peito dizendo que ainda não acabou, que é o amor latente em nós. Mas, na realidade, é o ego querendo revanche. Porque ele não aceita ter sido rejeitado. Ele não aceita ter ido embora, assim, sem causar grandes estragos no coração do outro. Sem deixar sua marca perpétua.

O ego nos mantém prisioneiros de nós mesmos. Isso explica por que tanta gente que mantém relações abusivas e conturbadas tem grande dificuldade em seguir em frente e reconstruir suas vidas de uma forma sadia. Nada tem a ver com amor, tesão e paixão. O ego é que foi ferido. E ele não deixa barato. Daí queremos arrancar qualquer tipo de sentimento do outro, pena, culpa, medo; qualquer coisa que faça o parceiro voltar, para podermos sair por cima da carne seca.

O ego não sente gratidão e não perdoa, por isso ele vibra em frequência muito baixa, e, quando entra em cena, não temos muito controle sobre ele. O ego atua no parceiro refém também, que de alguma forma se sente enaltecido com tanto "excesso de amor". Certa vez perguntei a um namorado por que ele havia ficado tanto tempo com sua ex-companheira, já que ele me dizia que o relacionamento havia sido muito ruim, com muitas brigas e sofrido. Ele me respondeu que foi por achar que nunca mais encontraria alguém que o amasse tanto, que fosse tão loucamente apaixonada por ele. Parece loucura? Mas esse tipo de comportamento é muito mais comum do que a gente pensa. Ele não tinha noção de que aquilo nada tinha a ver com amor genuíno, mas sim com dependência emocional e ego marginalizado.

"Eu posso fazer o que quiser, que ela não vai embora... sempre volta para mim", diz o ego. Ou seja, ele pensa que é O bom, O maioral. Que não PRECISA respeitar o parceiro porque, independente de qualquer coisa, este permanecerá ao seu lado. E desta forma perde-se o respeito e o amor. Porque o parceiro já teve seu amor próprio traficado pelo ego faz muito tempo. É culpa exclusiva do Ego? Mas por que respeitar alguém que não respeita a si próprio?

"Eu sofro muito por amor." Me desculpe, mas você sofre por **desamor** e porque seu Ego está te escravizando.

O ego nos boicota. Ele nos impede de demonstrar os bons sentimentos, ele faz joguinhos, mas não sabe brincar. Ele não deixa que nos entreguemos às delícias do amor, porque o Ego vive em disputa com o amor. E sai sempre perdendo. Ele nos diz que é para o nosso próprio bem, que está apenas nos protegendo. Mas eu acredito que riscos façam parte da vida. Eu ainda prefiro ter meu coração magoado do que ter passado pela Terra sem nunca ter amado. Coração se recupera. Tempo, não. Vida, não. Amores vem e amores vão, mas nós só vamos para frente, em uma única direção.

O ego dificulta o diálogo, e sem diálogo não existe uma boa relação, com quem quer se seja. Nós achamos que o parceiro tem a obrigação de saber o que queremos, de atender as nossas necessidades e de adivinhar o que estamos pensando. Afinal, não é ÓBVIO? Não. Não é porque algo é óbvio para nós que vai ser para o outro. É imprescindível FALAR, explicitamente, o que se está sentindo. E de preferência na hora em que estiver sentindo. Isso não vai gerar uma briga, vai gerar uma discussão, um debate, e discussões são saudáveis para o relacionamento. Há de ser expor as opiniões contrárias e de sinalizar as mágoas, para que não virem mágoas perpétuas. Muitas mágoas de uma vida inteira poderiam ter sido evitadas com um sincero diálogo. Mas o EGO não quer ouvir o outro; ele só quer RESPONDER. E se defender. E tem vezes em que se faz vital OUVIR, apenas OUVIR o que o parceiro tem a nos dizer. Baixar a guarda, ouvir, processar e tentar compreender, mesmo que não concordemos. É preciso calar o ego para ouvir o outro e ao próprio coração. O ego não vai te deixar pedir perdão. Mas pedir perdão é preciso! E perdoar verdadeiramente, não como uma artimanha egocêntrica, é uma das melhores coisas desta vida. O ego não nos deixa aprender, porque para aprender precisamos sentir e absorver, mas só com humildade se aprende. Para o ego, quem tem sentimentos é fraco. E nós não somos fracas... de jeito nenhum. Ninguém irá nos dominar, ninguém nos fará de bobas.

O ego não liga a mínima para o seu coração ou sua razão, ele parece torcer para qualquer coisa de ruim acontecer, desde que isso ganhe a atenção do outro. O ego se faz de bonzinho para não perder espaço e quase sempre consegue inverter os papéis e sair como vítima. "Eu só o amei demais", ele se lamenta. Mas o ego não faz ideia do que seja amor.

Uma boa forma de dominar o ego? Tomando consciência de sua existência. Só assim você saberá diferenciá-lo do que é amor realmente. Ficamos tão sobrecarregadas de lixo emocional, o ego é tão espaçoso e autoritário, que chega um momento da vida em que perdemos a nossa essência em algum lugar dentro de nós e não a encontramos mais. É preciso se livrar desse acúmulo de entulho de relacionamentos passados, de raiva, de posse, de vaidade, é preciso colocar tudo isso na mala do Ego e o mandar embora. Sempre que sinto que o Ego está falando por mim, que identifico um pensamento que não é nativo, ou seja, um pensamento que não condiz com o meu Eu verdadeiro, com as minhas crenças de vida, eu paro o que estou fazendo e repito baixinho: "Universo, leve de mim tudo que é excesso."

UNIVERSO, LEVE DE MIM TUDO QUE É EXCESSO!

E tudo é TUDO mesmo. Não gosto de carregar nada mais pesado do que eu suporto. Já carreguei muita bagagem e muito ego alheio nas costas, hoje, não mais. Só trago comigo o que não me causa dor e incômodo, tanto no peito, quanto nos ombros. O excesso transforma até o que era bom em algo penoso. Então eu gosto sempre de ficar com o que me é natural. E peço, gentilmente ao Universo, que se encarregue do excesso. Ele sempre me escuta.

Não é o processo mais simples do mundo, mas você precisa ser muito sincera consigo e se perguntar se é amor ou vaidade o que sente neste momento. Se é amor ou MEDO de enfrentar a vida sozinha. Se é AMOR ou apenas o resquício do que já foi um dia.

Eu não acredito em amor eterno. Mas que ele existe, existe.

Eu acredito que o amor também se transforme através do tempo, já vi grandes paixões virarem amor, grandes amores virarem irmandade, amizades virarem grandes amores. E sei que alguns desses amores nem o Tempo leva, ninguém o substitui. Certas vezes é o nosso coração sentindo falta de como nos sentíamos naqueles tempos, onde a paixão era companhia constante. Da típica empolgação efêmera que só as paixões nos oferecem. De tudo que planejamos e não conseguimos realizar. Acabar com um amor é moleza, eu sempre digo. Difícil é acabar com todos os planos que tão cuidadosa e alegremente arquitetamos em nossos travesseiros, depois de muito se amar. A gente segue, porque é assim que tem que ser. Mas o coração nem sempre nos acompanha depois de um amor como esse. Às vezes o perdemos e logo depois ele nos encontra, às vezes nem um salto ele dá quando mais imploramos, e, algumas raras vezes, ele se muda de nós. Deixando de herança um amor tão inexplicável e infinito como o Universo. Amores que não têm o menor fundamento; amores que nunca passaram de breves momentos. Amores que foram maiores que o próprio Tempo; amores que em nossas almas abriram buracos negros. Tem amores que o tempo não leva. Pessoas que vão existir para sempre dentro de nós, mesmo que nós não existamos mais nelas, mesmo que elas não existam mais neste mundo. Mesmo que esse amor só possa existir na nossa fértil imaginação e não mais em nossas vidas. Aprendamos então a rir com a saudade; a chorar de felicidade por tudo ter existido um dia. A amar por vontade também, por que não? Sem mais culpar o destino. Aprendamos a dar valor a quem nos valoriza. A lição dói, mas a vida gentilmente nos ensina. Aprendamos as várias formas de amar neste mundo, e que nem todas precisam, necessariamente, ser viscerais. Aprendamos a distinguir os amores divinos dos carnais. E a extrair a beleza e os riscos que um novo amor traz. Aprendamos a apreciar o aqui e agora e a soltar no Universo. O que for nosso, Ele mandará até nós.

Existem alguns amores que não podem ser. E outros que nós fazemos questão que continuem sendo, dentro da gente. É aquela saudade boa que gostamos de carregar. Afinal, saudade é o efeito colateral de viver. É o certificado que o coração emite quando tudo valeu a pena.

Mas nem toda saudade (e nem todo amor) é para ser revivida. Tem momentos em que fantasiamos muito um relacionamento passado, um antigo companheiro, porque o nosso presente está infeliz. Então caímos na arapuca de acreditar que fizemos escolhas erradas, que se tivéssemos ficado lá com o ex, nossa vida estaria muito melhor. Muitas vezes até sacrificamos nossos relacionamentos atuais para irmos resgatar esse amor do passado, mas não queremos nos dar conta que ele teve um motivo para não continuar. Não estou dizendo que isto seja regra, de forma alguma. Só para que, se for o seu caso, você preste mais atenção para identificar se o que você está sentindo é frustração com seu momento atual de vida, falta das boas sensações perdidas, saudade de quem você era na época em que viveu seu romance passado ou se ainda é mesmo AMOR legítimo. Tenha em mente que uma escolha sempre implica em uma renúncia. Essa tua lembrança vale mais do que qualquer perda? Se for amor, não hesite.

Aliás, hesite aos chamados do Ego, aqueles que sabemos que é furada, mas vamos mesmo assim. Desconfie de promessas enormes cumpridas imediatamente, como mudanças bruscas de comportamento, atos magnânimos, declarações exasperadas. O ego gosta de plateia.

E assim, nesse pega-pega sem a menor graça, num cabo de aço onde os dois se despedaçam, seguem Raptor e Raptado.

O ego raptor usando a compaixão, o medo e a gratidão como coleira, e o ego raptado achando mesmo que deve tudo isso.

Mas será que em algum determinado momento da história o ego raptado não se torna o raptor? De tanto que cedemos às chantagens, terminamos por aprender com elas. De tanto perdoar, acabamos por nos tornar cúmplices. Nos acostumamos e incorporamos como algo natural. E será então que não nos acostumamos também ao papel de vítima? Será que ser o objeto da loucura de outro ser humano não inflama nosso ego, de alguma forma bizarra? Será que não romantizamos demais o Conde Drácula? Há quem ache excitante esse misto de desejo e posse. Há quem seja viciado em adrenalina, como um surfista de ondas gigantes, sempre em busca de mar agitado. Há quem só consiga ser feliz assim, com o coração em sobressaltos, com ciúme o tempo inteiro, em um jogo sinistro que o ego adora. Nem todo mundo ama da mesma forma.

E nem todo mundo recebe o amor do mesmo jeito. Temos que ter isso em mente, pois nem sempre o que é certo para nós, será para outra pessoa. Tem quem sinta a necessidade de se expressar com palavras, e tem quem ame sem nunca ter dito um "Eu te amo" sequer. É difícil compreender isso. Mas será menos amor do que alguém que vive escrevendo "EU TE AMO" por aí? São as variáveis do amor.

Então, como estipular essa tênue linha entre a razão e a loucura? Como dizer para alguém que ele precisa de tratamento psiquiátrico e precisa se livrar desse tipo de relacionamento? Como dizer para alguém "Saia dessa relação e arrume algo melhor", se a pessoa não sente que realmente pode encontrar algo melhor, se ela já se habituou a viver no limite dos dois extremos, perambulando entre o amor e o ódio.

Quando olho para trás e me pergunto por que fiquei tanto tempo em uma relação que não me proporcionava nada do que eu almejava, respondo que fiquei porque acreditei que o tempo resolveria todas as diferenças entre nós. Fiquei porque trazia comigo a sorrateira e fulminante crença de que "todo relacionamento tem briga e é assim mesmo". Fiquei por confundir atração física com amor inúmeras vezes. Fiquei porque a fogueira acesa pela paixão ainda saía lasca e, mesmo tendo a clara visão de todos os pontos errados, esse fogo ainda me aquecia. Fiquei porque meu ego acreditou que eu era incrível e poderia mudar o outro. Fiquei porque me acomodei aos clichês velhos e tão bem aceitos por todos: casa, família, filhos, cotidiano. Fiquei, porque me convenci de que tinha coisas mais importantes para fazer, e realmente fiz, enquanto varria os trapos do meu relacionamento para debaixo do tapete e para o último lugar na minha lista de prioridades. Desta forma, ignorando tudo que eu sentia e sabendo que "a vida era assim mesmo", perdi toda a cumplicidade e a intimidade com meu parceiro. E um belo dia me peguei perguntando: "Quem é esse que dorme na minha cama?" Eu conhecia o homem lá do passado, aquele de anos atrás. Mas o de hoje eu não fazia ideia de quem era. Desenvolvemos armaduras pesadíssimas e muralhas extremamente resistentes para nos protegermos um do outro. E conseguimos. Os egos venceram a batalha e o amor perdeu. Foi então que me dei conta de que não tinha me protegido de mim mesma e que o ego andava solto, à revelia. Me dei conta de que já vivia sozinha e que por isso não precisava mais temer a solidão. Minha alma vivia na solidão há muito tempo. Por que continuar insistindo naquela presença física dentro de casa? Não fazia mais sentido. Eu precisava libertá-lo também.

Quando eu silenciei o ego, pude notar como agi imaturamente tantas vezes. E foi só então que fiquei realmente apta a começar, mesmo que involuntariamente, meu dolorido processo de amadurecimento.

Não podemos perder a nossa saúde insistindo para que o outro aceite ajuda. Tem gente que se julga acima de qualquer ajuda e tem ainda os que acreditam que seus pecados são imperdoáveis. Em ambos os casos, nosso amor e suporte não adiantará de nada. O que podemos fazer é rezar e torcer para que a pessoa encontre sua luz guia. Todos temos nossas necessidades de evolução e cada um de nós encontra um caminho muito pessoal e íntimo para isso. Nem sempre conseguimos interferir no caminho de aprendizado do outro. Por mais doloroso que isso nos seja. Chega uma hora em que temos que deixar de ser reticentes e aprender a fazer uso dos pontos finais. Pontos finais são fundamentais, pois sem eles não existe um novo começo. Eu sou fã de pontos finais porque novos capítulos me empolgam. Precisamos ir. E certas vezes vamos com o coração ainda cheio, carregado de amor e bons sentimentos. Mas só amor não basta. "Amor" puro é como farinha de trigo: sozinha, não serve para nada, mas quando a misturamos com outros ingredientes, então teremos infinitas possibilidades – pode se tornar um manjar doce ou um bolo solado, vai depender do que é incorporado. A receita que te serve pode não agradar aos demais. Você pode gostar de bolo doce e colocar 4 xícaras de açúcar e teu parceiro pode preferir com apenas duas xícaras. Quem está certo? Não é questão de estar certo ou de estar errado; é questão de gosto, de desejo. Aí tem que se chegar a um consenso, nem açúcar demais nem de menos. Mas tem casais que não conseguem achar este equilíbrio. Podemos nos contentar com o extremo doce ou zero açúcar, mas valerá a pena viver a vida toda assim, sabendo que existem doces que seriam perfeitos ao nosso paladar? Nós precisamos saber, exatamente, o que buscamos neste momento, e, então, termos coragem de assumir e dizer: "Desculpe, mas isto não é o que eu busco para mim, hoje." Amor sozinho não basta. Não é suficiente para manter uma relação. Amor sem cumplicidade é encrenca. Amor sem desejo é mera amizade. Amor sem amizade é doença. Amor sem paciência é paixão. Amor sem complacência é fraqueza. Amor sem entrega é ilusão. Amor não basta de nada quando a confiança já deixou de existir faz tempo.

Amor sem carinho não faz amor, só sexo.

Amor com submissão não é amor, é desespero. Amor por obrigação nunca será amor, apenas carma. Amor por conveniência é um presente inútil numa embalagem linda, é livro ruim em uma linda capa; é fogo brando quando se quer fogueira; é rotina monótona para a alma aventureira.

O amor não basta quando os corpos não se encaixam, quando as mãos não mais se entrelaçam, quando os olhos não se namoram mais. O amor não basta quando a voz grita alto, quando a paciência se exalta e a ternura já acabou. Quando o físico supera o interior. Atração sem admiração nunca será amor. Amor não basta, é necessário bom humor; risos, gemidos, de prazer, nunca de dor. Amor não basta... é necessário leveza, fluidez, com uma dose de intensidade. Amor só por amor não basta, é preciso AMAR de verdade! E quando o amor não basta, temos que nos bastar. Viver sozinho e ser feliz é possível, impossível é viver à espera de algo que não vai chegar. Demora, mas um dia a gente descobre isso, depois de tanto penar.

Amor real é isso, é tudo que temos a oferecer. Nosso pacote de inseguranças, de falhas, de traumas. De desejos, de ensinamento e aprendizado. Não se assuste com as limitações do outro; tenha os pés atrás, mesmo, com quem vive arrotando santidade, pois isso quer dizer que essa pessoa não consegue digerir muito bem seus próprios pecados! Prefira os defeitos visíveis à perfeição aparente. Quem muito esconde é porque realmente tem muito a esconder. Fica a dica!

Você merece um amor bom

Pare de pensar nesse seu ex-amor que te tanto de magoou. Você comprou este livro para ele ou para você? Pare de viver vidrada no amor que você ACHA que te falta e passe a dar valor a todo amor que já tem.

Foque em V-O-C-Ê. Este livro, definitivamente, não é um manual sobre relacionamentos, não contém teorias e teoremas perfeitos, não promete trazer seu amor de volta em 3 dias. Até porque acredito que tem "amores" que devem mais é ir embora das nossas vidas para sempre mesmo! Este livro tampouco é uma obra de ficção, acredite.

Isto seria, então, um romance? Hum... Só se for um romance para si mesma, consigo mesma.

Presumo que você esteja começando a ter a exata dimensão de como o amor nos cura, melhora nossa saúde, revitaliza a nossa pele e prolonga a nossa vida, e acredito que, na altura desta página, você já tenha conseguido se convencer, com boas e novas crenças impulsionadoras, que o amor bom que você tanto busca e merece está bem aí, na sua frente. Na sua frente, nas suas costas... ao seu lado esquerdo, direito e avesso. Porque o amor maravilhoso que você merece está DENTRO de você. O fato de estar lendo este tipo de leitura já é uma prova que você CONFIA que pode encontrar esse amor, você acredita que esse tipo de relacionamento, bacana e saudável, existe.

Você está se aprimorando, quem sabe expandindo um pouco a mente, ressignificando o amor e a sua existência, reorganizando os sentimentos e a ordem que eles ocupam na sua vida hoje. E isso é o mais incrível da nossa jornada, nossa capacidade de mudar, de metamorfosear. Nós vivemos muitas vidas nesta vida, ninguém permanece o mesmo sempre. Olhe as borboletas, por exemplo. Para mim, elas são a metamorfose mais impressionante de todas! E eu as amo, nutro um profundo respeito por elas, elas têm muito a nos ensinar. E uma das maiores lições é saber respeitar o tempo e distinguir quando é hora de entrar no **casulo**, quando é hora de sair dele. Há um momento na vida em que as opções se esgotam. Em que estamos totalmente sem forças e que parece que até Deus cansou de nós e parou de nos ouvir. Mas o silêncio divino é uma resposta bem clara e nítida. Ele diz: **"ESPERE O TEMPO; OBSERVE."**

Nessas horas, em que estamos em uma batalha exaustiva contra o mundo, o melhor que temos a fazer é nos recolhermos e esperarmos os gritos e ruídos diminuírem; esperarmos nossa mente consciente retomar o controle e nosso coração ritmar outra vez. A alma precisa do casulo. Da quietude. Do fôlego. E da solidão, por que não? Solidão não é abandono. Solidão nem sempre é vilã. Às vezes, ela é uma excelente aliada no processo de autoconhecimento. E não existe amor próprio sem autoconhecimento! Ninguém ama quem não conhece – isso se chama idolatria. O autoconhecimento nos eleva, em consciência e espírito. Quem tem medo de si, está se negando um dos maiores prazeres existentes: conviver consigo! (E não digo apenas se aturar.)

Enfim, é chegada a minha hora de sair do casulo que foi minha morada segura nos últimos tempos, quando o mundo desabou na minha cabeça e eu tive a nítida sensação que era o fim da linha para mim. Foram tempos de muita discussão e reconciliação comigo mesma. Mas o resultado desta convivência intensa foi... AMOR! Ao longo desses anos, eu me dei conta de que o amor não é alguém; mas sim um estado de espírito. Uma presença quase palpável. E que não devemos desejar parar de amar só porque não somos correspondidos da mesma forma como gostaríamos.

Temos que continuar a *vibrar amor*, mesmo quando tudo ao nosso redor vibra tristeza e rancor. Esse é o maior desafio.

O amor conforta; liberta; revigora. O amor acalma. Clareia. Apazigua.

E, certas vezes, paz é tudo o que mais almejamos. Eu mesma troco todo o meu ouro por paz de espírito.

Porque quando essa paz nos falta, nós a procuramos nos outros. E só aumentamos as lacunas. Agradeço ao meu casulo por ter me permitido renascer. Agora, com lindas asas e não mais cheia de medo. Por me permitir um autoconhecimento muito válido, mesmo que muitas vezes às custas de sofrimento.

A dor também nos transforma. Mas, se para pior ou para melhor, é somente você que pode decidir.

No meu caso, preferi usar a dor como um agente modificador para o bem. Nunca desejei blindar meu coração contra o amor. Sempre quis que ele se mantivesse bem-disposto e alegre para receber e celebrar tudo de maravilhoso que a vida tem para oferecer. Houve um tempo em que eu tinha pena de mim e tristemente invejava as asinhas alheias. Houve um tempo em que eu duvidava das minhas asas. Pensava que eram fracas e que eu cairia no chão ao tentar usá-las. Precisei testá-las quando me deparei com o abismo à minha frente e com a matilha feroz atrás de mim. Eu aprendi a usá-las quando não me restou outra opção. Houve um tempo que eu nada tinha, somente uma enorme vontade de ser feliz. E isso me foi tudo.

Mal sabia eu quão fortes são as minhas asas e quão alto elas podem voar! Se você está no seu casulo hoje, achando que é o fim, saiba que este é um pensamento comum a todas as borboletas.

Nós não nos damos conta que as metamorfoses da vida são essenciais; tentamos frear o processo. Nos apavoramos. Mas tudo neste planeta está ininterruptamente em processo de mutação. A água sai do seu estado natural líquido e se transforma em gelo ou vapor. Árvores perdem toda sua folhagem para renascerem ainda mais lindas na primavera seguinte. Cobras trocam suas peles; araras nascem sem penas, e nós somos fruto de microscópicos espermatozoides. Quer metamorfose mais linda e louca do que a da própria vida?

Ninguém neste mundo É algo, todos nós **ESTAMOS** algo. Eu já estive grávida. Eu já estive casada. Eu já estive desempregada. Eu já estive doente, eu já estive rica, já estive pobre. Já estive deprimida, já estive eufórica. Nós sempre estamos diferentes em determinados momentos da vida. Algumas vezes estamos advogados, noutras cozinheiros, noutras vendedores, noutras escritores e músicos. A vida é incerta. Essa é a única certeza que temos!

Casulos são oportunidades para renascimentos. Não o fim. Não se apavore diante do seu casulo. Não se debata. Apenas sinta. Deixe fluir. Confie no Tempo, pois ele é o Senhor do Universo.

Todos nós temos asas. Certas vezes só precisaremos discernir quando é a hora certa de nos desprendermos do casulo, pois se passamos da hora, murcharemos junto com ele.

É com medo mesmo que se voa. Para ganhar a vida precisamos fugir da zona de (des)conforto.

Eu já fui lagarta, mas a minha natureza sempre foi BORBOLETA. E a sua?

Espero que você esteja conseguindo acalmar um pouco o coração e seus anseios, e se alegrar com as suas enormes e belas asas recém-adquiridas. Espero que você esteja se dando amor à esta altura e, assim, colocando um curativo nas feridas causadas na sua alma por desamores passados.

Você merece um amor bom. Mas chega de ficar esperando. Chega de ficar procurando. O melhor amor que você vai encontrar na vida é o autoamor, acredite. Ele não vai te decepcionar, ele não vai embora. Nem vai cansar de ti. É um relacionamento para sempre, um romance sem fim. Quando você receber o seu amor por você mesma, perceberá que a tristeza diminui, que a longa espera agora é apaziguada. E o medo da solidão desaparece, porque você se dá conta de que não está sozinha e abandonada, você pode contar consigo, fez as pazes com você mesma e agora é seu melhor amigo, daqui pra frente.

E isso nos traz uma maturidade ímpar, desenvolver amor próprio é um dos processos evolutivos mais difíceis e penosos, porque até chegarmos a este exato ponto, onde ou nos escolhemos ou nos deixamos destruir, é porque já passamos por muita coisa. Já sofremos por demais nas mãos de outras pessoas e não nos defendemos o suficiente. Chegamos até aqui com o coração em pedaços, recolhendo seus cacos e duvidando se iremos conseguir mesmo nos refazer. Quando uma pessoa passa a se amar, ela nunca mais esquece o poder que tem. Ela nunca mais se abandona, não se troca fácil por uma companhia qualquer. Ela nunca mais deixa, qualquer pessoa que seja, a tratar de uma forma negativa e sem respeito, muito menos quem dorme ao seu lado. Ela passa a ser seletiva – e não é que ela se torne intolerante, mas ela já viveu o suficiente para perceber que a pessoa da vez não é a pessoa certa –, então ela não perde tempo insistindo, ela quer pessoas que somem, que agreguem mais valor à sua vida e que a tratem como ela sabe que merece. Ela já entendeu que ninguém muda ninguém, e por isso oferece ajuda, mas não se sacrifica mais para salvar quem não quer ser salvo. Uma pessoa que se ama não se diminui para se nivelar ao outro, ela busca alguém tão grande quanto ela. Ela já não se desespera com a solteirice, pois aprendeu a curtir o momento, sabe que um relacionamento é uma consequência do curso natural da vida e não uma imposição social. E quem não gosta de estar ao lado de uma pessoa assim? Alto-astral, que sorri para a vida, que olha no olho ao conversar, que sabe o charme que possui e que sabe que não é a beleza física que conquista efetivamente alguém. Quem não gosta de ter por perto uma pessoa prática, divertida, que dá risada de si mesma e se deixa molhar, despentear e engorda um pouco nas férias? Quem não gostaria de acordar todos os dias com uma pessoa que aprendeu a não ouvir o ego e que demonstra seus sentimentos e não aprisiona nem rapta o outro? Que permite que o outro seja apenas ele mesmo. Quem não quer ser livre e se prender num abraço gostoso? Quem não quer chegar atrasado por conta de um beijo apaixonado?

Te interessa alguém assim?

Então seja essa pessoa! Sim, sim, eu confio plenamente que você consegue! Porque quando você passa a celebrar a sua vida, todos os dias, quando você começa a respeitar o seu momento atual e o seu passado, passa a perdoar a si mesma e a quem te magoou; quando você começa a assumir tuas curvas, ideias e desejos, essa mudança é natural. Você não precisará se esforçar para ser alguém mais feliz e bem-humorado, pois o AMOR nos traz isso de fábrica. Se queres mudar o mundo, comece por si mesma! Mudanças de dentro para fora são genuínas e, portanto, permanentes.

Você quer ser essa pessoa?

Então comece agora. Faça um enorme favor a você e dê um basta nessa relação ou nessa lembrança que só te dá uma certeza: De que você vai continuar sofrendo. Talvez você sofra muito com o término dessa relação. Longe de mim simplificar as coisas do coração. Eu sei o quanto dói. Mas dói mais ainda viver sem boas expectativas, dormindo e acordando com o enorme peso do "E se" sobre seus ombros.

Você merece mais que migalhas de afeto, não acha? Merece mais que incertezas certeiras e silêncios que gritam tão alto que nos ensurdecem. Você merece mais que passar seus dias a esperar, por quem sabe que não vem... Merece mais que viver no dilema dolorido, se está sendo bacana ou se está incomodando, se o outro está apenas sendo simpático ou se realmente gosta de você. Se tem dúvida, não perca mais seu tempo. Amor é uma certeza absoluta quando todo o resto está uma bagunça. O amor é o que nos faz correr depressa contando os segundos para encontrar o ser amado e perder a noção completa do tempo, quando se está junto. Esqueça os discursos modernos de que hoje em dia relacionamento não passa disso, pois o "isso" é muito pouco diante da magnitude de um amor verdadeiro. E você merece conhecê-lo! De pertinho. Merece provar o sabor do amor legítimo. Por isso se afaste de quem te faz sofrer. Você merece mais do que se preparar a semana inteira e receber uma desculpa esfarrapada em vez do convite que tanto queria.

Merece mais do que ficar pelos cantos achando que o problema é com você, procurando defeitos que nem existem para tentar justificar atitudes que são bem nítidas e claras e que, muitas vezes, nós é que não queremos ver. Falta de atitude já é uma atitude, entende quem quer. Não existe reunião, sinal ruim ou doença que o impeça de falar com você quando ele quiser. O que falta é o interesse.

E você merece alguém que demonstre total interesse, não somente no teu decote ou na tua conta bancária, mas na tua alma. Alguém que passe a mão nas tuas pernas e no teu rosto também, dizendo o quanto você é única no Universo! Alguém que escolha ficar na manhã seguinte, mesmo podendo ir... que escolha a sua companhia no sofá, de meia e pijama num sábado à noite, em vez de mil companhias e baladas por aí. Você merece alguém que te ame além do que os olhos podem ver; sem maquiagem, sem disfarces, sem tempo a perder. Porque a vida tem muito mais para nos oferecer do que gastarmos nossas preciosas horas vasculhando as redes da pessoa atrás de "porquês". O "porquê" é um só e de fácil compreensão: Essa não é a pessoa certa pra você, que merece mais do que tentativas de rastreamento e sintonia a todo custo, de quem só faz questão de não estar na sua frequência. Quem não está nem aí em te fazer sofrer; quem não pensa duas vezes antes de te colocar em segundo plano, quem parece que tem sempre coisa melhor para fazer do que estar contigo. Você merece mais que um bom amigo, uma cantada rasa, uma carona barata, um beijo sem graça, uma cama cheia e uma vida vazia. Pare de aceitar situações que não são o seu ideal de vida e que passam longe da sua concepção de relacionamento. Somos 7,6 bilhões de pessoas no mundo, não é possível que não exista uma sequer que pense e que sinta de uma forma mais parecida com a sua! Não deixe as pessoas erradas cruzarem o seu caminho, acabarem com o seu entusiasmo, tirarem de você a espontaneidade.

Nossos relacionamentos amorosos são um medidor de amor próprio.

Pare, então, de sentir autopiedade e a substitua por raiva. A autora não enlouqueceu! A raiva, em dosagem moderada, tem sua valia na hora de resgatar um amor próprio do fundo do poço. Ela é uma boa corda para subir de volta à superfície. Enquanto estiver vibrando e emanando energias na frequência da autopiedade, estará vulnerável. Porque a autopiedade mina nossa autodefesa, ficamos com a mobilidade reduzida e a capacidade de resposta muito lenta, ela afeta diretamente até o nosso sistema imunológico. Ou seja, somos um alvo fácil para egos raptores. E como eles amam isso: vulnerabilidade! É aí que eles entram e te pegam, oferecem "carinho", "atenção", te fisgam e dão o bote. A raiva não... a raiva dosada nos impulsiona! Nos mantém em alerta. Peraí... ninguém vai fazer comigo o que EU não quero que façam! "Meu ex me humilhou, me infernizou a vida e agora quer voltar? Não! EU NÃO PRECISO DISSO!". Esse tipo de raiva nos é muito útil, é a raiva da sobrevivência, onde nos tiramos da posição de vítima indefesa e nos colocamos em igualdade de competitividade. Pode vir quente, que estamos fervendo! Livre-se desse sentimento de culpa que te consome, você não é o Senhor das Culpas Universais. Livre-se imediatamente dessa chata da autopiedade, que só te faz lamentar e acreditar que você não é capaz de atrair um amor bom.

Nós somos capazes de atrair qualquer coisa que muito desejarmos. Isso serve para o bem e para o mal; para o consciente e o inconsciente. O primeiro passo para movimentar as energias Universais a seu favor é limpar a mente de medos, de limitações, de pensamentos extremamente racionais. É liberar a razão e deixar a emoção fluir. Sinta o que tiver que sentir. Crie! Fantasie! Já conversamos páginas atrás que o cérebro não distingue muito bem o que é real, o que está realmente sendo vivido, experimentado empiricamente, e o que está sendo experimentado só com a EMOÇÃO. Se criamos fobias, somos capazes de criar o fluxo do bem-estar. É nele que eu quero que você se concentre. Precisamos produzir bem-estar em você para ligarmos, assim, a roda gigante da vida. É a emoção que cria a conexão.

Vou pedir que você se deite em um local tranquilo, com o mínimo de barulho possível e que se sinta confortável e feche os olhos. Relaxe as tensões e esqueça que você é um corpo físico em um mundo físico, vamos nos concentrar na energia. Na alma e na consciência, pois essas não possuem limitação alguma. Vamos fazer como as crianças, entrar em um mundo de fantasia. Quero que você pense em algo que muita deseja e que crie uma cena, um enredo mesmo, com cores, aromas, sensações térmicas, diálogos. Por exemplo, o dia do seu casamento. A hora exata em que você está entrando no local da cerimônia. Imagine com o máximo de detalhes possível: horário, cor do céu, rostos dos convidados. Os detalhes da sua roupa, da roupa do seu companheiro, seu penteado.

Incorpore em si mesma e passe a enxergar tudo ao seu redor em primeira pessoa e não mais como em um filme. Olhe para suas mãos, veja seus sapatos, sinta toda a sua alegria. O que mais você está sentindo no momento do seu casamento? No momento exato que você sempre sonhou e quis viver!

Agora pense em uma música. Qual será a música escolhida para esse momento? Escute a música nos seus fones de ouvido e refaça a cena. Imagine-se arrumando-se para o grande momento... Quem estará com você? Essas pessoas estão se sentindo como? Felizes? Ansiosas? Converse com elas. Sorria! Deixe a emoção fluir. Quando somos pequenos nós vivemos neste mundo de fantasia e é um processo extremamente importante para o nosso desenvolvimento sociocomportamental e cognitivo. Assim como quando lemos um livro e nos apaixonamos pelas personagens. Vislumbramos os cenários descritos; imaginamos o timbre das vozes. Tais experiências sensoriais são fundamentais para que consigamos processar melhor nossos sentimentos e, desta forma, aprendamos a lidar com as emoções, a controlá-las. Uma criança que não fantasia, que não sonha, que não ACREDITA que pode ser um astronauta ou caçador de dinossauros um dia, se tornará um adulto cético. E com certa dificuldade em expressar corretamente suas emoções. É uma pena que a grande maioria de nós perca essa capacidade de se transferir do mundo real para o imaginário, conforme vai deixando a infância. Assim, nos condicionamos a viver em um mundo muito pequeno, onde nossos sonhos sempre esbarram em obstáculos gigantescos impostos pela racionalidade. Mas, veja bem, nem tudo por aqui é absolutamente racional o tempo inteiro. Certas vezes, responder "Eu não sei" é melhor do que uma resposta certeira. No quesito "incerteza" mora a Fé. Várias vezes na vida as pessoas já me perguntaram como eu faria tal coisa. "Bruna, como você pretende lançar seu primeiro livro?"; "Bruna, como você vai se virar em uma cidade nova, sem um emprego fixo?" E em várias dessas vezes eu respondi "Eu não sei!". Eu não sabia como seria, mas sabia que seria.

Entende? Nós não precisamos ser estrategistas de guerra e calcular milimetricamente cada passo que daremos em direção aos nossos objetivos, mas nós precisamos CAMINHAR. De qualquer jeito e do jeito que dá! Parece loucura? Mas saiba que na loucura existe muito mais FÉ do que se imagina. É preciso ser um tanto louco para não pirar neste mundo. Eu não estou pedindo para você imaginar o lugar exato onde terá encontrado a sua pessoa, nem com que DINHEIRO você fará a festa de casamento ou em que casa vocês vão morar após o matrimônio, nem se sobrará grana para a lua de mel. Tampouco quero que você se limite e que se conforme em passar a lua de mel no motel da esquina. Eu quero que você EXPANDA seu sonho. EXPANDA as cores, os sons, aumente a música. EXPANDA a imagem! EXPANDA a dimensão, vamos! Com tudo que você gostaria, com tudo que você acredita que seria PERFEITO. Esse é o seu momento! Deixe os problemas financeiros e emocionais de fora da sua mente neste momento. Imagine-se dançando com seu amor e me responda: Qual é o maior sentimento que brota nessa hora? Gratidão? Felicidade? Medo?

Se o sentimento for bom, prossiga na fantasia. Se for ruim, volte ao depósito de medos inúteis da sua mente, tire a poeira de cima e encontre o medo que está bloqueando a sua felicidade.

"Nada disso é real", você pode me dizer. Mas se tornará real para o seu coração, assim que despertar EMOÇÃO em você. Isso se chama **VISUALIZAÇÃO.** A visualização é um poderoso exercício para ativar a Lei da Atração. Recebo alguns *e-mails* de leitores dizendo que a lei da atração "não faz efeito", que não conseguem emagrecer ou atrair um amor de qualidade. Conversando com eles mais a fundo, para tentar entender o porquê destas negativas, achei o denominador comum entre eles: O TEMPO. Ou melhor, a falta dele. Nos acostumamos a sermos seres imediatistas, que temos tudo a um clique dos dedos: uma quantidade absurda de informação, de imagens, de conteúdo para o nosso cérebro processar rapidamente, descartar e partir para outra. Vivemos *ONLINE* para o mundo e *offline* para nós mesmos... Nos ignoramos, nos tratamos com indiferença, e quando temos algo que foge do "padrão", prontamente dizemos "que besteira, não tenho tempo pra isso!". E realmente nunca temos tempo para ouvir uma banda nova que um colega indicou, apenas escutamos o primeiro trecho da primeira música, e se não agradou, tchau! Nunca temos tempo para irmos ao restaurante indiano que inaugurou, e todo mundo está adorando, porque fica a um quarteirão mais longe do que o habitual. Nunca temos tempo para levar o cachorro pra passear! Mas contratamos alguém que o faça. Terceirizamos também quem faça os serviços de casa, de transporte escolar e, se pudéssemos, terceirizaríamos alguém para ir aos almoços de família, reuniões escolares, e, quem sabe, dormir no nosso lugar, pois assim nos sobraria, com certeza, muito mais tempo! Mas, calma... as férias vão chegar. Você terá, assim, alguns dias para organizar tudo, colocar em prática os planos engavetados, ler aquele livro comprado faz tempo, fazer o curso de yoga e ir ao Indiano novo, certo? Não... eu sei tão bem quanto você que isso só funciona na teoria. Na prática, você aproveitará para dormir, o máximo que puder, estará tão exausta que não sobrará disposição para começar a praticar exercícios e yoga... e você vai assistir a alguns filmes na TV mesmo pois é mais prático que ler um livro ou sair pra ir ao cinema... Lá pela metade das férias, sua mente já vai começar a te enviar sinais de alerta, do tipo: "Olha, as férias estão acabando! Você precisa fazer alguma coisa!" E esse pensamento começará a gerar angústia e frustração, por não ter conseguido fazer quase nada do que você se propôs. Aí nossa energia abaixa e isso nos causa fadiga mental; por isso voltamos das férias, ou mesmo de um feriado ou fim de semana, mais cansados e desanimados do que quando saímos. Na realidade, mesmo, não tem muito a ver com a sua rotina ou seu trabalho, sabia? Tem a ver com o modo como lidamos com nossas mentes.

Mentes PRECISAM de estímulo constante! E não falo de estímulo de leitura obrigatória para o trabalho, nem de ir à academia porque o médico mandou fazer uma hora de esteira por dia para diminuir o colesterol. Eu falo de estímulo PRAZEROSO! De desafio; de CONQUISTA! A mente não pode ficar correndo solta, sem metas pessoais, somente trabalhando exaustivamente por uma compensação futura, que levará meses para alcançar. Precisamos nos dar pequenas batalhas cotidianas. E pequenas glórias semanais. Precisamos rever nossos erros em nossa trajetória até aqui, mas precisamos rever os acertos TAMBÉM, os pontos fortes que nos trouxeram até onde estamos e, principalmente, que nos LEVARÃO para onde queremos ir! Claro que a Lei da Atração não funcionará se você nem sequer se dê um tempo e chance de experimentá-la. É algo como aprender um idioma novo: Você não falará fluente enquanto não INCORPORAR, enquanto não aprender a PENSAR no outro idioma e parar de querer simplesmente traduzir. Não queira "traduzir" a Lei da Atração, pois ela é sinestesia pura! Você precisa SENTIR! E isso não se dará em 3 dias ou 3 semanas. Não podemos destruir nossas crenças limitantes, mudar nossa forma de encarar a vida e resolver todos os problemas em uma semana. Mas, podemos ESCOLHER e COMEÇAR. Agora, neste exato momento! Se dê esse voto de confiança! Se dê essa chance. Comece a estudar a Lei da Atração para poder compreendê-la, e então esqueça o tempo... o tempo cronometrado em relógio é invenção humana. Esqueça o tempo e se permita apurar o conhecimento. Eu pratico visualização há muitos e muitos anos e ela faz parte do meu ser, assim como qualquer necessidade fisiológica que possuo. Vou contar um segredo: A vida toda eu me imaginei escritora. Na verdade, eu sentia isso muito latente em mim, mas durante boa parte da vida eu julguei como um "sonho-lindo-impossível". Tantos escritores maravilhosos no mundo... Por que eu seria escritora? Nem talento para ser vendedora de loja eu tinha. Eu precisava arrumar uma coisa que "desse dinheiro" e me conformar em pagar as contas. Mas a pergunta que eu tinha que fazer ao Universo não era "Por que eu seria escritora?", e sim "Por que não eu?". Por que eu não poderia ser escritora? Por que você não pode se casar numa linda tarde de outono na Toscana? Por que NÃO?

Walt Disney foi demitido de um jornal, certa vez, por não ser criativo o bastante nem ter boas ideias, acredita? Os Beatles não conseguiram um contrato com a Decca Records, que disseram que eles não teriam "futuro no *show business*" por não serem "comerciais" o suficiente. Einstein foi expulso da escola primária por ser mentalmente lento. Margaret Mitchell, Vladimir Nabokov... *O Diário de Anne Frank*, por exemplo, foi rejeitado 15 vezes antes de ser, finalmente, publicado, e virar um dos maiores *best-sellers* da história. Stephen King, com sua *Carrie – A Estranha*, foi recusado mais de 30 vezes; King, inclusive, jogou o esboço de *Carrie* no lixo, e a história foi salva por sua esposa! Harry Potter ficou engavetado por 7 anos, sendo rejeitado mais de uma dúzia de vezes, antes de virar... Harry Potter!

O que podemos concluir analisando essas trajetórias? Que estas pessoas sofreram um tremendo "golpe de sorte", assim, da noite para o dia, que as fez serem quem foram/são?

Será que um editor literário tropeçaria no saco de lixo onde King jogou *Carrie* e falaria "Oh! Vou publicar... vai quê..."; será que os Beatles teriam passado de uma bandinha de Liverpool se tivessem desistido no primeiro "não" da Decca Records? Será que Elvis teria se tornado o ELVIS PRESLEY que o mundo conheceu se tivesse continuado como motorista de caminhão da companhia de energia Crown? Nessa época, quando tentou entrar em uma banda profissional liderada por Eddie Bond, Elvis foi rejeitado... meses depois, desempregado e sem banda, "That's All Right (Mama)" estourou...

E você? Será que o seu VOCÊ vai se tornar sua melhor versão, tudo isso que você sente que poderia ser, se continuar onde está agora?

Se desistir com os "nãos" das pessoas? Será que você não está negligenciando uma oportunidade para ser, verdadeiramente, VOCÊ, nesta vida?

Elvis foi um péssimo funcionário da Crown. Porque ele não era motorista de caminhão, era músico. Faith Hill não se deu bem como atendente do McDonald's porque sua alma é cantora! Hugh Jackman, o Wolverine, era professor de educação física em uma escola, tinha emprego estável e renda fixa, e mesmo assim disse que não era feliz – largou tudo para tentar uma vaga em Hollywood. Depois de muito penar, conseguiu. Sua vocação era atuar.

Bruna Stamato foi a pior vendedora da equipe! Hahaha! E eu me achei uma incompetente e inútil nessa época. Sentia-me desconfortável e tinha a máxima certeza intrínseca que estava no lugar errado. E estava mesmo.

E você?

Será que você é tão sem talento, como pensa, tão sem sorte, tão desinteressante, ou também está no lugar errado, cercado de pessoas erradas?

Não somos perdedores. Às vezes só estamos no caminho errado.

Já pensou o que aconteceria a Michael Phelps, nadador e maior medalhista olímpico de todos os tempos, se ele tivesse ido parar num campo de futebol americano em vez de uma piscina? Phelps se diz péssimo no futebol, já em piscinas...

Você pode estar no campo errado. Talvez você seja melhor em piscinas. Uma coisa é certa: Você só descobrirá, se tentar! Se não limitar seu potencial e emoções.

Pode ser um "sonho", uma "loucura", mas se essa loucura faz seu sangue ferver e seu coração vibrar, então ela vale a pena ser vivida!

Desconheço outra definição para SUCESSO, senão fazer o que se ama e com quem se ama.

Olhando à primeira vista pode parecer muito difícil, mas se tirarmos do campo da racionalidade e pararmos de nos preocupar em como faremos, em como iremos, em como conheceremos alguém, se pararmos de adicionar tantos "Se" e obstáculos em nossos sonhos, conseguiremos passá-los da categoria "Sonho" para a categoria "Projeto". E isso muito me interessa! Desde antes de começar a escrever meu primeiro livro, eu sonhava em lançá-lo na Casa das Rosas. A Casa das Rosas é um endereço tradicional de São Paulo, fica na Avenida Paulista, coração da capital, e eu acho um lugar supercharmoso e lindo, e que vive recebendo eventos literários. Por que não poderia ser eu, ali, um dia, autografando meus livros? POR QUE NÃO? QUEM me convenceu de que era impossível? O que é impossível, afinal? Para mim, desenhar, projetar, construir e fazer voar uma máquina que leve pessoas para o céu é muito doido e impossível, no entanto, para um cara chamado Alberto Santos Dumont, não foi. E aí?

Alguém disse para Oscar Niemeyer, "amigo, larga mão dessa maluquice de Brasília e vai projetar casas para garantir os boletos pagos no final do mês"?

O preço de nunca ter tentado nada é muito mais alto do que o preço pago por quem se arrisca. Porque se nada der certo, numa remota hipótese, você terá a sua amizade própria, você terá sido seu cúmplice e amigo, você terá tido histórias para contar e poucos arrependimentos no futuro. Pois você TENTOU. Ou seja, você VIVEU.

E a vida está aí pra isso... para vivermos! Para cairmos, para aprendermos a levantar, para chorarmos até pegar no sono, para rimos até a barriga doer. Para amarmos à exaustão. Para nos alimentarmos de ilusão e, então, percebermos que são todas essas experiências juntas que formam a nossa bagagem. Que no fim das contas, TUDO é bagagem de vida!

E, acredite em mim, não deve haver nada mais triste do que partir deste mundo com a mala vazia. O que levou Lennon, Stephen King, Elvis, McCartney, Agatha Christie e tantas outras personalidades a se tornarem quem foram/são foi a **FÉ.** Fé em si mesmos!

Escrever é a minha grande paixão neste mundo, e quando vivemos a paixão, quando vivemos COM paixão, já temos 50% de chances de sermos bem-sucedidos. A paixão é o grande combustível do sucesso. Ela não nos deixa desistir, afinal, que louco desiste de uma paixão correspondida?

As pessoas dizem que há de se ter muita coragem para seguir um sonho, pois eu digo que mais coragem ainda é preciso para se abandonar um. Sou medrosa, Deus me livre!

Pratiquei muito a visualização do dia de lançamento do meu livro na Casa das Rosas. Foram quase 4 anos, mais exatamente. Um ano planejando escrever o livro, mais quase dois anos para finalizá-lo e mais quase um ano para assinar contrato com uma editora e marcar a data de lançamento. Eu visualizei cada detalhe. Estaria vestindo um macacão branco, cabelos soltos, em uma tarde de temperatura amena. Levaria um fotógrafo para registrar o momento e minha família estaria presente, todos orgulhosos e compartilhando comigo aquela alegria. E a alegria dessa cena era tanta que eu passei a senti-la, só de pensar nela, sem que precisasse mais me deitar, fechar os olhos e me concentrar. Eu incorporei essa sensação de alegria do lançamento do meu livro ao meu ser. E ela alimentou minhas esperanças e manteve aquecido meu coração quando as primeiras editoras recusaram meus originais. Desculpe, Universo, eu não te deixei escolhas. O livro já estava concebido. Ele existira primeiro na minha cabeça, depois no meu coração, depois no mundo físico e, então, quando vi, não havia outro jeito. Ele existia, estava pronto para nascer, precisava ganhar o mundo. E assim foi, dia 14 de outubro de 2017, às 17h, eu lançava meu primeiro livro na Casa das Rosas, vestindo um lindo macacão branco. Foi muito mais bonito do que tudo que eu havia sonhado. E como aquela sensação era familiar para mim. Ela substituiu meu nervosismo de estreia pela certeza de que tudo tinha dado certo. Porque, na minha mente e no meu campo sensorial, eu já havia vivido aquilo ali várias vezes e tinha dado certo, todas as vezes. É indescritível vivenciar na pele o que sonhamos. O "sonhar acordado", que nada mais é do que viver como desejamos. E a vida pode ser desse jeito. Pode ser da forma que queremos. Você pode me dizer que lancei meu livro na Casa das Rosas por pura coincidência? A "coincidência" é a parte visível do trabalho duro que nossas mentes executam para nos trazerem até o ponto exato que queremos. Os meios que eles, a Vida e o Universo, vão arranjar para te levar até seus objetivos, não é da sua conta. Por isso, faça seu trabalho bem feito! Faça a sua parte: **SONHE**. Visualize. Crie emoção. Sinta. Crie conexão neural com a música escolhida por você, desenvolva seu gatilho mental para liberar essa sensação de alegria e bem-estar sempre que você quiser e onde você estiver. Sinta o amor! Visualize-se abrindo a porta para ele entrar. Recepcionando-o. Dizendo "Você é bem-vindo nesta casa e em mim, amor!" Não imponha mais, a partir de agora, colocar limites e condições aos seus desejos. Tenha a noção de que a nossa existência aqui, neste planeta, transcende as barreiras físicas. Nós somos Consciência e Energia. Quando alinhamos as duas a nosso favor, não há quem nos detenha.

Visualize a sua casa, seu amor chegando para o jantar. Seus filhos correndo em volta da mesa. Não se importe com os clichês. Até porque, me desculpem os inusitados de plantão, mas amor bom é amor clichê! Quem nunca se pegou sonhando com um romance numa praia deserta, ao pôr do sol, os dois deitados numa rede, observando o mar, barquinhos e um farol. Eu gosto de receber mensagens de madrugada, ligações desesperadas à noite, aquelas três buzinadas no portão, que só de ouvir já aceleram o coração! É o amor que te chama, vá correndo... e não se preocupe em ser brega, levantando o pezinho para dar um longo beijo, encostada no capô do carro. Aliás, eu até curto uma suíte moderna e equipamentos de última geração, mas, fale a verdade, amor no banco de trás do carro não tem comparação! Aliás, para ficar perfeito mesmo, só falta "Can't Stop Lovin' You" tocando no rádio.

Eu admiro as modernidades e gosto de *emoticons* felizes no meu WhatsApp, mas nada substitui o bom e velho "Desliga você!" Como era bom ficar 15 minutos assim: "Desliga você vai..."; "Não, desliga você amor..."; "Ai, desliga você..."

Eu até deixo você subir, mas é só para um café. Talvez um B.B. King e um cafuné... mas, juro, não vai passar daí! Mas, no fundo, todo mundo sabe que ninguém resiste ao B.B. King, um bom vinho e o tal cafuné... e banquete nenhum neste mundo supera um café da manhã na cama depois de uma noite dessas! Aqui estão as suas chaves, me ligue quando quiser...

Os enamorados são clichês, não dá pra discutir!

Quantas vezes você se pegou fazendo bem me quer, mal me quer e sorrindo feito besta por aí?

Nem a *lingerie* mais cara de todas consegue ser tão *sexy* quanto usar a famosa (e clichê!) camisa social do namorado... pés descalços, só de calcinha, cabelos presos e alguns botões abertos. Que nos desculpem os vizinhos, mas barulho é algo certo! Adoro que me surpreendam e me levem pra acampar no alto de uma montanha, mas nada me deixa mais feliz do que um telefonema dizendo: "Fiz reserva no nosso restaurante preferido, te pego às 20h!"

Amo baladas e viagens exóticas, mas, às vezes, tudo que eu quero é um filme, pizza e refri, com pés quentinhos embaixo do edredom – preciso admitir! E você também precisa! Admita para você e para o nosso amigo Uni, todos os anseios do seu coração! Sem medo de parecer bobo ou ingênuo. Você não precisa mais se deixar iludir. Não precisa diminuir suas expectativas nem reprimir suas vontades para caber no minúsculo coração de alguém que não está a fim nem de dar nem de receber todo o amor que você tem aí dentro. Não te sufoque com palavras que não se pode dizer, com medo de "assustar" a outra pessoa e ela se afastar. AMOR só assusta a quem não faz a menor ideia do que é amar ou a quem está fechado e sem disponibilidade no momento para ser amado.

Tem gente que não quer. Vai fazer o quê? Tem gente que tem outros planos para si, outras prioridades e acha que, por alguma razão, o teu amor, neste momento, vai "estragar" as coisas. Tem gente que não acredita sequer que pode verdadeiramente ser amado, embora esses tenham criado uma imagem totalmente autossuficiente e empoderada. Ninguém aceita algo ao qual não se sente digno de possuir.

Tem ainda os que não podem retribuir. Porque amor é coisa esquisita mesmo. Não adianta ter o mesmo gosto musical e gostar de sushi. Isso não vai garantir o romance que você merece – no máximo, uma amizade discreta. Você não precisa se conformar com nada disso. Não precisa esperar a semana inteira para ver se ele vai te convidar para sair ou se ela vai, enfim, responder às tuas mensagens com algo mais que duas sílabas. Você merece todos os deliciosos e viciantes clichês que o AMOR nos oferece. Merece sorvete no domingo, de mãos dadas na praça, com direito a guerrinha de sorvete que termina em um longo beijo, daqueles de tirar o fôlego. Merece SIM fazer planos para o futuro e escolher os possíveis nomes dos filhos de vocês e, por que não, comprar um cachorro? Você merece alguém que lhe diga, todo dia, o quanto você é importante e o quanto desejou e rezou para te encontrar nesta vida! Você merece alguém que escolha sempre a sua companhia, mesmo se tiver outras 100 companhias para um sábado à noite.

Você merece alguém que queira ficar na segunda de manhã, ainda que você esteja cansada, descabelada e sem o menor pique. Você merece alguém que faça questão de ir te buscar um dia no trabalho, só para poder passar uma hora a mais contigo. Porque o AMOR é isso. O amor é minimalista. Ele faz questão de 5 minutos a mais com o ser amado. Cada segundo vale ouro para um apaixonado. E você merece, enfim, se dar conta disso.

Você merece se deitar sabendo que o mundo pode começar a girar para o outro lado amanhã, que nada importa, o seu amor estará aí com você. Você merece ter um porto seguro para atracar nas tempestades e um companheiro de viagem quando for necessário partir. Você merece estrogonofe na casa dos sogros; passeio com os sobrinhos e visita à casa da vó. Você merece alguém que te assuma e não suma quando o negócio estiver ficando bom. Você merece viver sem dúvidas se alguém te ama ou não! Merece ser escolha absoluta e não só mais uma opção.

Você merece um amor assim! Um amor que te faça RIR! Que te ensine a andar de bicicleta e que também possa aprender contigo. Um amor com tudo de lindo que o amor traz. O pacote completo.

Você merece declarações escancaradas, e ao pé do ouvido, em redes sociais e em redes entre coqueiros, deitados, entre sussurros e gemidos. Você merece mãos que te amparem e que te façam perder o rumo, vez ou outra. Você merece refugiar-se em uma alma generosamente anfitriã. Você merece sonhar, todos aqueles sonhos que nós mesmos nos convencemos que está muito tarde para sonharmos. Aqueles sonhos onde temos medo de parecermos ridículos. Mas quer saber? Todo mundo fica um pouco bobo quando está amando e sendo amado! Ridículo é viver a vida fingindo não se importar com nada disso.

Eu desejo que você encontre alguém que já tenha passado por muita coisa e que saiba valorizar todo esse lindo sentimento que você tem. Eu desejo que você fique boba mesmo, procurando letra de música para mandar de madrugada, que você comece a olhar a cozinha da sua casa com outros olhos (apaixonados me entenderão). Eu desejo que você ria sozinha no elevador lembrando da noite passada, e que dor, daqui pra frente, seja só proveniente de uma posição mais ousada! Eu desejo que você ganhe flores, ou que tenha para quem as enviar, no dia dos namorados. E que você tenha com quem abrir um vinho quando o seu dia tiver sido péssimo. Eu te desejo longas conversas ao telefone, mas que elas nunca sejam mais longas que os teus abraços. Não como em um conto de fadas. Mas muito melhor. Porque para viver um amor assim não precisamos ser príncipes e princesas e morarmos num reino mágico. É melhor porque é **REAL**. É perfeito justamente pelas imperfeições que se complementam. Por isso te desejo algo que dure mais que as doze badaladas da meia-noite. Algo que encanto ou magia nenhuma seja capaz de quebrar. Algo que não precise de fada madrinha para rolar. Algo que vá muito além do "felizes para sempre", muito além da euforia passageira de uma paixão recente. Algo que se dê no dia a dia. Algo do tipo "juntos enquanto for recíproco". Porque a eternidade se dá dentro dos nossos corações, o resto... O resto é só tempo. E o tempo é efêmero.

Várias pessoas me perguntam qual é a "fórmula" da lei da atração para atrair esse tipo de amor, e eu respondo, porque acredito plenamente nisso, que a única forma de atrair um amor bom é dando um amor bom. E tendo plena CONSCIÊNCIA disso. Paciência se você ofereceu todo seu amor a alguém que não deu valor. O azar é dele, não seu. O Universo está sentindo, o Uni sabe do seu enorme potencial "amador" e, sem dúvida alguma, vai te mandar um amor na mesma frequência. Mesmo que você tenha se machucado antes, continue emanando amor e vai receber amor de volta, na mesma proporção.

Você precisa falar pra si mesma, com real convicção: "**Eu mereço um amor bom.**" E não se contente, nunca mais, com nada menos que isso.

Tenha em mente que enquanto essa relação não acontecer, só você é capaz de lhe prover amor suficiente. Enquanto esse tipo de relacionamento não chega, você não precisa ficar esperando por ele com a pessoa errada ao lado. Namoros e casamentos já demandam muita energia, imagine gastar toda essa energia com uma pessoa que você sabe que não é a SUA pessoa? Melhor ficar em paz, a sós consigo, não acha? Hoje em dia eu penso muito desta forma. Não é que eu tenha me tornado uma pessoa intolerante ou egoísta, mas com o tempo a gente aprende a priorizar. E hoje coloco minha paz de espírito acima de qualquer coisa e, sim, acima de QUALQUER pessoa. Nada mais de me calar ou me conformar para prover paz ao outro e me deixar na tormenta. Já se foi o tempo. Hoje sou eu em primeiro lugar. Claro que faço o que tenho que fazer com o máximo de sutileza possível, pois acredito que existem diversas formas de expormos nossa opinião sincera sem que precisemos ser rudes. Aliás, grosseria, a meu ver, não é sinceridade. Grosseria é uma prova de imaturidade e uma autodefesa exacerbada para quem muito se sente inferior. Então digo o que preciso dizer, mas da forma mais educada que a situação permite. Nem sempre fui assim, já engoli muito sapo-boi vivo para evitar conflitos, e o máximo que consegui foi adiá-los, pois conflitos existem para serem resolvidos.

Hoje faço tudo que posso para resolver mesmo os meus problemas – não mais os camuflo ou os ignoro. Porque uma coisa é você ignorar um problema e outra, bem diferente, é ele ignorar você. Tem situações que não dá para "ir levando", elas exigem um ponto final. Até por uma questão de decência mesmo, de integridade. Muito leio sobre o "ghosting", que é um termo usado para designar o término repentino de um relacionamento, onde um dos dois vai embora sem dar explicações, some. Esse termo vem da palavra em inglês *ghost*, que significa fantasma. O praticante do *ghosting* some misteriosamente, como se fosse um fantasma. Para mim ele some misteriosamente porque é um covarde. Essa é a minha definição para *ghosting*. Acho que se o lance já estava frio, é natural que o papo vá diminuindo até acabar e que as vidas sigam seus rumos, sem necessitar de uma explicação de dez páginas. Mas uma coisa bem diferente é a pessoa desaparecer, do nada, quando tudo estava – até então – indo bem. Seja lá o que tenha acontecido – voltou com a ex-namorada, a pessoa decidiu mudar para Portugal da noite para o dia ou se apaixonou perdidamente por outra pessoa ao dobrar a esquina –, seja o que for, sumir sem explicação é coisa de gente babaca. De adulto infantilizado. Infelizmente, hoje, vemos muito disso por aí. Eu mesma recebo várias mensagens de leitores me perguntando o que HOUVE e me relatando o quanto estão sofrendo pelo sumiço PROPOSITAL – que fique bem claro –, da pessoa. Minha cabeça é um pouco antiga para essas coisas... Para mim não tem *ghosting*, não tem *mooning*, tem imaturidade e uma falta absurda de respeito e de civilidade. E uma certa cegueira para não ver o óbvio. Estamos na era da superficialidade dos relacionamentos. Mas isso não implica, necessariamente, em uma conduta mau-caráter e em falta de educação. Não gosto de generalizar a juventude, nem muito menos de justificar atos covardes de gente sem noção, colocando a culpa na "modernidade". Gentiliza e respeito não saíram de moda. Permissividade em excesso gera sérios prejuízos. Se um filho meu tiver uma atitude dessas com alguém, um dia, vou ensiná-lo a se corrigir da maneira mais antiga existente: Pedindo DESCULPA. O mundo muda muito, é verdade, mas certas coisas não podem mudar. Senso de HUMANIDADE e de coletividade, capacidade de se colocar no lugar do outro, são algumas delas.

Eu sou da teoria que só conseguimos seguir em frente, com verdadeira qualidade de vida, quando nossos corações estão saudáveis, isto é, sem vestígios de rancor, sem ódio, sem culpa e sem autopiedade. É que isso tudo ocupa muito espaço e sobra muito pouco para um amor de verdade se instalar. Não raro, vejo pessoas que mal acabaram um relacionamento e já engataram outro, e me pergunto se é realmente por amor ou por desespero. Eu acredito que quando mantemos uma relação sem amor e amizade é muito normal que um amor ou uma paixão cheguem de supetão e nos arrebatem. Porém, em um relacionamento onde os egos se engalfinham e ainda existe (por mais louco que possa parecer) uma certa reação química explosiva, trocar de relacionamento seria apenas trocar de problema ou, ainda, aumentar os problemas, já que mais uma pessoa é incluída na confusão. SUPERAR requer tempo, pois como o próprio nome já diz, superar é "tornar-se superior", "vencer", ou seja, só SUPERA quem enfrenta algo. É diferente de bloquear. O que se bloqueia, permanece. O que se supera, vai embora, evapora. E o que muito vejo são pessoas que bloqueiam os sentimentos para não sofrerem mais – mas isso não quer dizer que esses mesmos sentimentos se dissipem sozinhos. Você pode bloquear, a sua mente tem esse poder. Mas o que acontece depois do bloqueio é que a mente joga esse pensamento "impedido" para outra pasta, mas não exclui de verdade, apenas deleta o atalho. Aí nós vamos enchendo a mente e entulhando o coração e, dessa forma, só acumulando os sentimentos, sem processarmos de verdade, sem fazer a síntese necessária. Quando nos damos conta, somos um depósito de tudo que fomos um dia. De resquícios de outras pessoas. De mágoas que nem deveriam mais existir. De crenças e medos que já superamos faz tempo, mas esquecemos de dar a descarga emocional. E amor também tem prazo de validade – é sempre bom ficar de olho. Porque amor vencido faz um mal danado para a saúde. Ocupa espaço demais e, desse jeito, nunca conseguimos renovar nosso estoque. O amor não oxida, então, vira e mexe nos enganamos e achamos que ele ainda está bom, mas aí, quando colocamos na panela, vemos que ele não dá mais liga, não está encorpando, fica sempre ralo.

Será que você não tem um "amor" desses aí te atormentando? Algo que você deveria ter enfrentado, sofrido, chorado – e então superado – e que você simplesmente bloqueou dentro de você? Faça essa pergunta a si mesma e, caso seja positiva a sua resposta, prepare-se para a batalha. Tem momentos em que precisamos invocar nossos demônios para exorcizá-los. Você deve participar deste combate. Somente depois de vencida a guerra, você estará pronta para hospedar nobres sentimentos no coração e poderá se oferecer um recomeço com real QUALIDADE de vida.

O que faz um relacionamento ser melhor que o outro? O que é um amor BOM? Para mim, é a capacidade de maleabilidade, de adaptação. Amores rígidos por demais não se adequam aos espaços e às mudanças inevitáveis do tempo. Porque nem sempre nós teremos a mesma intensidade e a mesma DISPONIBILIDADE para o amor, como quando no começo. As obrigações mudam, os planos mudam, nossas vontades mudam, e o amor tem que se encaixar nessas mudanças. Um amor bom não vai te cobrar disponibilidade o tempo inteiro, pois ele confia, ele sabe que existe e que sempre tem espaço para ele. Então, quando um dos parceiros tem que reajustar suas prioridades, o amor não se abala com inseguranças e não se torna cobrador e raptor. Um amor bom CONHECE o parceiro. E sabe que, às vezes, as pessoas não podem fazer mais pelo outro, nesse exato momento, mas que nem sempre é por falta de querer e sim de poder.

Se você tem essa consciência e vive bem com o que recebe do seu companheiro, saiba que tem um amor bom. Porque o "problema" nem sempre está no outro, mas, sim, no que **NÓS** acreditamos merecer do outro.

Não existe sensação pior do que se sentir traído, em vários aspectos, dentro de uma relação. Do que se sentir sempre em desvantagem, sabendo que o parceiro poderia fazer muito mais e não faz porque simplesmente não tem vontade – acredita não ser preciso. É isso que nos leva à falência emocional: a escassez de atenção e atitude. E viver cobrando essas duas coisas transforma qualquer rei em um reles bobo da corte.

O amor não é uma monarquia, onde há o rei e o súdito. O amor não é uma ditadura, onde um manda e o outro obedece por medo. O amor, tampouco, é um leilão barulhento, onde ganha quem oferta mais. Amor, meus caros, é meritocracia pura. É meritocracia quando falamos que ninguém encontra um amor bom por Sorte, e sim por muito se querer, vibrar e atrair ele para si. É meritocracia quando dizemos que ninguém fica porque não tem mais nada para fazer, só fica quem muito se quer e que se faz por merecer. Só tem um amor bom quem MERECE! Quem dá um amor bom. E quem sabe receber. Quem pode cuidar bem.

Só fazem com a nossa vida aquilo que permitimos. Não estou aqui dizendo que uma mulher que apanha do companheiro, apanha porque QUER. Ou que ela tenha ATRAÍDO isso para si. Infelizmente nos deparamos com todo tipo de gente, mundo à fora, e nem sempre descobrimos a verdadeira índole ruim no início. Tem gente que camufla muito bem e que vai se tornando muito violenta com o passar dos anos. E muitas são as questões que mantêm a vítima ao lado do agressor. Não se dá para mensurar nem muito menos julgar. Mas dá para oferecer a mão e dizer: "Saia daí". É o que eu faço, diariamente, com meus textos e com as mensagens que recebo. Ninguém precisa se submeter a condições que firam a dignidade, a alma e o corpo. Embora, muitas e muitas vezes, sejamos levados a crer nisso, que PRECISAMOS ficar, porque temos filhos, porque os filhos vão sofrer com a separação, porque não se tem condições financeiras para uma separação favorável, porque não se acredita que se pode conseguir dar uma guinada na vida, se reinventar e seguir em frente. Porque se tem... MEDO. Medo das retaliações – do agressor e da sociedade. Porque a sociedade AINDA julga e condena, principalmente as mulheres. E o julgamento é indiferente ao caso. Se encontramos mais amor no mundo e nas pessoas que nos cercam, nos sentimos mais confiantes em deixarmos situações ruins para trás e recomeçarmos. Empatia salva vidas! E o amor apoia, sustenta, ajuda. Por isso que eu bato tanto nesta tecla: AMOR NÃO RIMA COM DOR. Amor não rima com dor! Amor não rima com dor!

Amor rima com o quê?

Um dia desses um grande amigo perguntou como se casa com alguém e depois se decide passar a vida ao lado dessa pessoa, se existem tantas pessoas no mundo, inclusive pessoas que poderiam combinar mais e até serem mais atraentes, enfim, como se sabe que é amor mesmo? Eu respondi que o amor é a certeza absoluta de tudo aquilo que não se explica. Sabe? Não sei! AMOR é ter a consciência de que existem milhares de pessoas no mundo, mas elas, estranhamente, perdem a graça. Ou melhor, nós perdemos o interesse nelas. O mundo passa a ser um lugar meio chato, então cria-se um mundo para dois. Minha filha de 7 anos, certa vez também me perguntou algo semelhante: "Mamãe, como você diz que essa é a sua praia preferida no mundo todo? Você conhece todas as praias do mundo?" Eu respondi: "Não! Mas eu amo tanto essa praia que não preciso conhecer todas as praias do mundo para saber que ela é a minha preferida! Ela me basta!" O amor é isso. É ter a certeza de que nenhum outro habitante da Terra te complementará tão bem. E, assim, conhecer todos os outros habitantes da Terra se faz desnecessário.

Muita gente fica chocada comigo quando afirmo que o amor também é uma questão de escolha. Ontem recebi uma mensagem de uma leitora que dizia: "Bru, me ajuda! Eu tenho um relacionamento com um cara incrível, sou apaixonada por ele, mas ele não quer um relacionamento sério, não me assume como namorada e deixa isso bem claro. Viajamos para Buenos Aires e foi incrível. A química é perfeita, mas não entendo por que ele não me assume como namorada e sofro muito. O que eu faço?" Eu penso o seguinte para tentar elucidar minha teoria de que o amor também é escolha: Nesse caso, ela pode abrir mão das convenções e títulos oficiais e se concentrar apenas em viver o momento, um dia após o outro, e deixar rolar essa química tão boa que eles têm; ou assumir que, embora exista essa química e todo o lance da atração física, ele não pode oferecer o que ela busca para si, neste momento. Qualquer uma das decisões vai fazer o coraçãozinho dela sofrer, mas aí ela tem que ver qual das duas será menos sofrida para ela. Se escolher a ele, talvez ela siga se sentindo magoada e menosprezada por ele não assumir o tal do compromisso, por viver sabendo que não pode contar efetivamente com essa pessoa para grandes coisas; ele só quer o lado bom da vida e não sente, lá no fundo, que ela seja a pessoa que o fará esquecer o resto do planeta, **co**mo sugeriu meu amigo. Na minha opinião, o fim será óbvio e breve. Porque a autoestima dessa moça vai pra lona, ela se tornará o ego submisso e não poderá ser feliz dessa forma, com a balança desequilibrada e sempre à espera de uma atitude que não vem. Ou ele também poderá ser arrebatado por uma paixão a qualquer momento, já que seu coração está livre.

Gostar não é amar. E há um enorme abismo entre os dois.

Nenhum amor tem a mesma intensidade que o outro. Porque as épocas de vida que os vivemos são diferentes. Somos pessoas diferentes a cada novo relacionamento, até mesmo porque cada pessoa que entra na nossa vida nos deixa algo e nos leva algo. É normal que sintamos de formas diferentes também.

Saber fazer essa diferenciação é fundamental. E se ela escolher a si própria e disser: "Olha, eu gosto de você, **MAS** eu busco uma pessoa que queira dividir a vida comigo e construir algo mais a fundo, beijo e tchau". Ainda assim ela vai se lamentar por não ter dado certo e se questionará o que fez de errado, por que não foi "boa o suficiente", e isso causará certa dor no seu coração, mas, pelo menos, estará livre para encontrar alguém que seja como ela quer. Talvez não role a mesma química sexual, talvez ela não tenha o mesmo gosto musical do novo pretendente, mas a vontade de estar junto e de seguir na mesma direção, com RECIPROCIDADE exata, na medida, vai compensar. O amor também é isso. É amizade, parceria, é chegar junto! É acompanhar ao pronto socorro às 2h da manhã e ao estádio de futebol num domingo ensolarado. O que adianta tesão e gosto similar por cinema francês, se, em plena quarta-feira você não pode ligar para contar algo inesperado que te aconteceu? Por que você não pode criar INTIMIDADE? Onde já se viu, em qualquer galáxia, amor sem intimidade? Não existe. Se você não pode se alegrar com a gravidez da irmã dele é porque VOCÊ NÃO FAZ PARTE DA FAMIÍLIA dele.

Amor é questão de escolha, sim! O que precisamos para compreender isso é desenvolver inteligência emocional. Paixões, às vezes, nos levam para o buraco – no sentido metafórico da palavra. Já vi isso acontecer muitas e muitas vezes. Recebo relatos no meu grupo do Facebook todo santo dia! Casamentos de 15, 20 anos, onde o marido (a maioria das vezes é o marido) simplesmente trocou de casa, de mulher, de família. Largou tudo para trás da noite para o dia, como se 20 anos fossem 20 dias! Tudo o que foi construído em 20 anos foi destruído em 24 horas! Me parece surreal. E a forma como isso acontece, sem o menor respeito pela parceira e por toda a história vivida, é o que mais me surpreende. Sabe a proporção de casos como esse que resultam em novas famílias felizes e sadias? 1 para 100. Em 99 dos casos, a paixão acaba rápido, o encantamento se vai e você jogou toda uma vida fora. Quem sou eu para dizer a alguém que não viva uma paixão? Mas, se me permitem, eu direi: PENSE COM A CABEÇA. Porque o amor é uma série de fatores, bem diferente da paixão. Amor é um troço bem arquitetado, com bases sólidas e boa fundação. Paixões, qualquer vento mais forte leva... Pensar com a cabeça não implica em frieza e calculismo, **não, o amor é esperto!**

Eu sempre ouvi dizer que a partir de certa idade a gente busca raízes e não mais asas, mas eu não me prendo muito à idade. Acredito que o que acontece é que chega uma determinada hora da vida em que já caímos muito, já sofremos muito, já tivemos nosso coração roubado pela paixão, já nos iludimos com a pessoa errada, e então começamos a colocar a razão no meio. Hoje acredito que eu esteja em equilíbrio. 50% coração e 50% razão. Mas aprendi a ouvi-la também. Eu tenho um ritmo de vida, atualmente, que não é qualquer um que acompanha. Eu tenho filhas em fase de pré-adolescência, embora ainda tenha trinta e poucos anos. Tenho um casamento de 10 anos nas costas, e hoje sei o que eu quero e principalmente o que NÃO quero. Acho que quando se tem 17 anos tudo é muito lindo e nós temos plena disponibilidade para uma entrega absoluta – é a fase onde abandonamos o mundo por um grande amor e somos totalmente felizes assim, o outro nos basta. Mas conforme vamos amadurecendo, nossos objetivos e ideais vão se transformando e já não é possível abandonar completamente o mundo por alguém. A maturidade nos traz paz, ou pelo menos o desejo de paz, de estabilidade, de reciprocidade. Paixões cruéis, desenfreadas, ainda são gostosas, mas um amor tranquilo com sabor de fruta mordida, nos embalos da rede, nos seduz muito mais. Amores maduros são maravilhosos! Como o vinho. Nós também levamos TEMPO para nos aprimorar, para aprendermos e adquirirmos inteligência emocional e, então, sermos a melhor versão de nós mesmos. Existem queijos que demoraram anos para ficar prontos, e isso faz com que sejam os mais especiais e saborosos do mundo.

Amor, também. Os melhores amores são construídos com o tempo e, por isso, o tempo não os destrói. Ao contrário de esfuziantes paixões que se vão, tão subitamente quanto um temporal de verão. Meus melhores relacionamentos não foram as paixões à primeira vista, foram os que viraram amor de forma lenta. Os que se achegaram de mansinho. Nós, humanos, levamos nove meses completos da concepção até estarmos aptos para sobreviver neste mundo. E esse tempo é absolutamente fundamental para que nos adaptemos à ideia de nos tornarmos mães e pais. Nós, mulheres, precisamos gestar um filho, mas nossos corpos se preparam para estar prontos para esse momento desde o momento em que somos concebidas. Não é incrível? A Natureza é muito sábia. E o amor é anacrônico. Às vezes, nem tudo que queremos é prioridade Universal neste momento. Certas vezes a vida quer que aprendamos alguma outra lição antes de chegarmos ao ponto crucial desejado. E, acredite, isso não é um castigo! É uma bênção. Encare os atrasos e demoras como um presente da vida para você. Com certeza você estará 100% pronta para aproveitar ao máximo quando conseguir o que tanto quer. Ou vai dizer que você nunca desperdiçou uma boa chance quando era mais nova ou fez alguma bobagem da qual se arrependeu, por imaturidade ou falta de experiência? É normal! Também são jeitos que a vida encontra para nos ensinar. Tombos são inevitáveis para quem quer se arriscar no skate!

Eu só cheguei a este ponto, de definir claramente o que queria e o que NÃO queria em um relacionamento, quando me deparei comigo e desci fundo em mim mesma, sem medo.

O autoconhecimento gera inteligência emocional.

Quem não sabe para onde está indo fica à deriva no meio do mar. Eu sei para onde estou indo. Por isso sei o tipo de relação que quero. Hoje tenho um companheiro, não somente um marido. Alguém que está ao meu lado e que olha para a mesma direção que eu, que me apoia e não mais que compete comigo. Alguém que abraçou a minha vida e quis compartilhar a sua comigo. Mas antes dele, conheci outros homens que não me ofereciam nada disso. Não poderia ficar com alguém que não gostasse de criança, que quisesse separar as minhas filhas do relacionamento. Meu foco era uma pessoa que agregasse. A minha vida com elas já era maravilhosa, eu estava em paz. Eu não precisava de ninguém para completar parte alguma faltante. Eu queria alguém para SOMAR. Tive uma atração por um ou outro, e me diverti com isso, mas sabendo que não era a minha pessoa ainda. Eu tinha disponibilidade para o amor e, portanto, pedi alguém que tivesse a mesma disponibilidade para receber muito amor na sua vida, porque nós três – eu, Julie e Nick – somos muito grudadinhas e afetuosas! (rs)

Nos aproximamos do fim deste livro, mas espero que a sua história de amor consigo mesma esteja apenas no começo ou, melhor ainda, esteja sendo retomada de uma forma linda e para sempre, como tem de ser. Se eu consegui, em algum momento, fazer o seu coração bater mais forte, nem que seja por breves minutos, então a minha missão já terá sido cumprida! Tive muitas dúvidas em compartilhar algo que foi tão íntimo e inexplicável para mim, como as epifanias, catarses e experiências relatadas aqui; mas, ao longo do meu processo de escrita deste livro, fui me convencendo de que o sentido é esse: COMPARTILHAR. Conhecimento nenhum neste mundo é sintetizado corretamente se não for compartilhado. E eu compartilhei aqui alguns pequenos exercícios que me garantem uma melhor gestão das emoções e me promovem real bem-estar no meu dia a dia. Proponho um desafio a você: pratique os mantras da autocura e celebração, repita-os até seu coração bater forte, diga com real alegria e GRATIDÃO à vida, "EU ME CELEBRO, EU ME RESPEITO, EU ME PERDOO, EU ME ASSUMO, EU ME AMO!" Passe a sentir verdadeiro prazer por estar viva! Agradeça a cada célula do seu corpo por permitir essa dádiva! Se olhe nos olhos, sorria para si mesma e passe a sorrir mais para o mundo! Desenvolva uma amizade com o Universo, peça que ele leve embora de você tudo que for excesso e, desta forma, volte ao seu Eu verdadeiro e natural. Faça tudo isso durante 1 mês. Pratique visualização, diariamente, escolha uma música tema para essa fase, mime e agrade a si mesma, mude sua alimentação, cuide de você. Ligue para amigos queridos, faça uma visita surpresa ao menos uma vez por mês. Diga alto: "EU TENHO DISPONIBILIDADE PARA O AMOR!" Faça sua lista de qualidades e defeitos, e, acima de tudo, se dê os méritos que tem direito. Perdoe. E se permita entusiasmar e se apaixonar irremediavelmente por você. Faça isso todos os dias, por 30 dias, e então venha me contar o que mudou na sua vida.

O primeiro passo para ser recebedora de um milagre é acreditar em milagres. E nesse nosso caso aqui, os milagres que você deseja estão dentro de você mesma. Porque o amor próprio opera milagres inimagináveis! Ele nos faz renascer das cinzas e, quando percebemos, o mundo passou a nos tratar de uma forma diferente. Na verdade, não foi o mundo que começou a te tratar melhor, foi você que começou a reagir melhor às adversidades, a encarar com maior naturalidade os desafetos e saiu da posição de vítima, fugiu da falência afetiva e da petição de miséria que sua alma se encontrava. Nossa autoimagem está saudável e isso reflete em todas as áreas de nossas vidas. Nossos relacionamentos com parentes e amigos melhoram significativamente, porque estamos cheias de amor e podemos dar amor abundantemente. Vivemos em absoluta prosperidade afetiva, em equilíbrio com nossas mentes, corpos e a natureza. Temos a certeza de que o amor não está escasso no mundo e mudamos nossa frequência vibracional com o Universo. Isto faz com que a nossa jornada na Terra se torne algo muito mais leve, prazeroso e lindo. Porque se a fé é a melhor escada para se chegar a Deus, o amor – ah, o amor – é um elevador direto para o paraíso!

As pessoas reparam. E comentam como estamos mais bonitas, mais felizes. E como é maravilhoso reencontrar amigos que não se via há muito tempo e escutar que estamos melhores que anos atrás! "O que você andou fazendo?", eles me perguntam. "Renascendo", eu respondo. Quantas vezes for preciso.

Agradecimentos

Agradeço, primeiramente, a Deus, por me permitir canalizar o amor e repassar às pessoas através das minhas palavras. Sou muito grata pelo dom que Ele me deu nesta vida.

Não posso deixar de fazer um agradecimento especial a Deborah Furtado, grande amiga e primeira pessoa a acreditar em mim, que me deu a oportunidade de expandir meu dom. Ao Jader Menezes, ser humano ímpar, que tanto admiro, toda minha gratidão.

À Elisa e ao Marcelo, que o Universo colocou na minha vida no momento exato – sem vocês, nada disto seria possível.

E ao meu amor, Allan Borba Filho, por nunca me pedir para cair na real. Por me apoiar incondicionalmente e por querer compartilhar essa louca jornada comigo.

"Ainda que eu falasse a língua dos homens. E falasse a língua dos anjos. Sem amor, eu nada seria." 1.Coríntios.13.

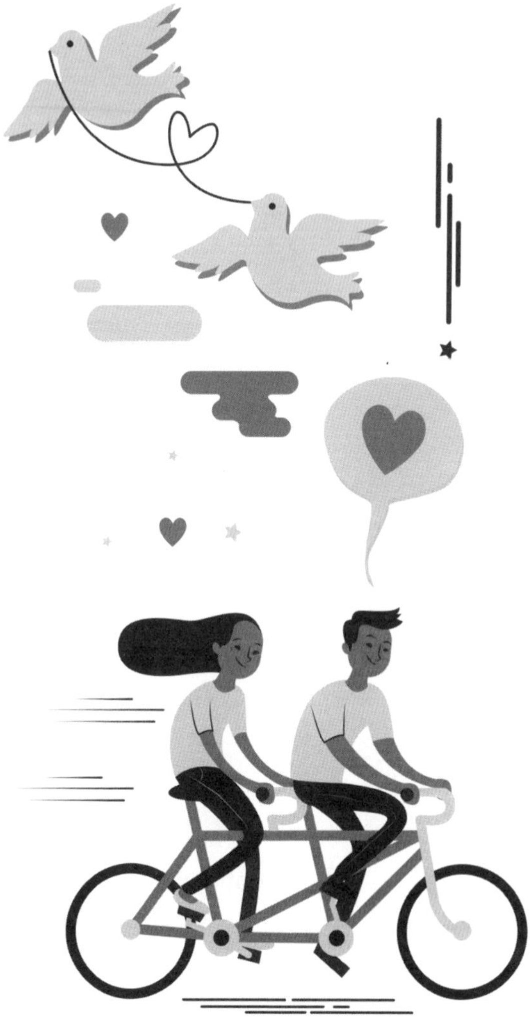

Conheça outros títulos da editora em:
www.editoraseoman.com.br